KB271602

모든 몸을 위한 존중

외모
왜뭐

모든 몸을 위한 존중

외모
왜뭐

모든 몸을 위한 존중

외모 왜뭐

여성환경연대 기획

경진주
김민지
김주현
박이은실
서영미
윤나리
이가현
이안소영

'탈코'를
생각하는 당신께

왜 탈코르셋을 시작하시나요?

올해는 탈코르셋이 10대 소녀들의 마음을 뒤흔들었습니다. 페미니즘 리부트 이후 여성에게 더 많은 혐오와 폭력이 이루어지고 있지만, 그에 맞서 자신을 지키고 다른 여성들과 손을 잡으려는 여성들의 노력도 더욱 커지고 있습니다. 그 중심에 우리의 몸이 있습니다. 여성이 착하고 아름다운 소녀가 되기를 바라는 우리 사회는 여성의 몸을 있는 그대로 두지 않고 끊임없이 깎고 숨기고 드러내고 상품성 있는 몸이 되라고 압박합니다. 왜 여성은 10대가 되기 전부터 화장과 브래지어는 물론 다이어트와 성형, 외모 관리를 평생 동안 해야 할까요? 학교와 사회, 미디어 등 왜 모든 곳은 여성에게 특정 외모를 이토록 질기게 강요하고 있을까요? 그 기준에 부합하지 못하는 몸에 대한 비난을 왜 우리 스스로 하게 되었을까요? 현재 이런 질문을 하는 여성들이 등장했고, 그들은 머리를 자르고 화장품을 버리고 편한 옷을 입는 '나 자신 되기 운동'을 펼치고 있습니다.

이 책은 외모를 향한 우리 사회의 편견 속에서 삶을 시작하는 소녀들과 그들과 대화하고 싶은 어른들을 위한 책입니다. 외모를 함부로 평가하고, 관련 상품을 소비하라고 부추기는 외부의 목소리와 어떻게 싸우고 그로부터 어떻게 자신을 지켜갈 수 있을지, 그 고민과 질문을 담았습니다. 학교 현장에서, 마을에서, 집에서 소녀들과 이 책을 통해 몸에 대한 다양하고 솔직한 이야기들이 시작되길 바라면서요.

몸에 관한 8개의 이야기

이 책은 여덟 가지의 이야기를 담았습니다. 우리 사회는 초등학교 때부터 소녀들에게 브래지어 착용과 화장 같은 외모 가꾸기가 여성의 당연한 일이라고 말합니다. 김민지는 조기 교육으로 시작되는 화장 문화가 누군가 흘러둔 미끼일지 모른다고 말합니다. 그래서 최근 등장한 다양한 탈코르셋 운동을 보여주며 실천 가능한 작은 것부터 시작하자고 제안합니다. 조금 덜 하거나 안 해도 사실은 큰일이 나지 않는다는 걸 우리가 이해하길 바라면서요. 가슴 해방을 주장하는 윤나리는 우리가 왜 브래지어를 착용하게 되었는지 생각해보자고 말합니다. 야해 보여도 안 되고 비쳐도 안 되는 이 브래지어가 가슴을 모아주기는커녕 가슴을 처지게 만들고 건강에도 좋지 않다는 사실을 밝힙니다. 그리고 왜 가슴이 처지면 안 되는지, 그것은 누구의 목소리였는지 돌아보게 합니다.

다이어트와 미디어는 외모지상주의의 목표가 무엇인지 분명하게 드러내줍니다. 수많은 사람을 비정상으로 규정하는 BMI^{Body Mass Index, 체질량 지수로, 체중(kg)을 키(m)의 제곱으로 나눈 수치}부터 옷발 잘 받는 체중을 알려주는 미용체중표에 이르기까지, 이 기준들은 여성들에게 다이어트가 생애 전반에 걸쳐 해야 할 숙제이자 운명처럼 일상화되고 있는 현실을 보여줍니다. 돈 안 드는 건강한 다이어트 대신 끊임없이 다이어트 상품을 사도록 부추기는 미디어는 아이돌과 연예인 몸을 전시하면서 끝도 없이 우리 몸을 비정상이라고 말합니다. '마르고 순종적인' 소녀는 희고 털과 근육이 없어야 하며, 언제나 웃고 있어야 하는 인형 같은 삶을 강요당합니다. 우리는 언제부터 건강하고 활기차고 자연스러운 몸을 부끄럽게 여기게 되었을까요? 서영미는 여성의 삶을 왜곡하는 미디어와 싸우며 미디어에 더 다양한 여성들의 삶이 등장해야 한다고 말합니다.

월경은 어떨까요. 박이은실은 월경을 더럽다거나 불경스럽다고 말하는 오래된 문화가 여성을 폄하하려는 매우 의도된 비난이었다고 말합니다. 그녀는 여성들 스스로도 월경을 부끄럽게 여기게 되었으며, 기업 역시 붉은 피를 파랗게 표현하고 월경 중임을 표시나지 않게 하는 일상의 마케팅을 한다고 지적합니다. 이런 마케팅으로 인해 일회용 생리대의 가격이 높아지고, 엄청난 양의 쓰레기가 만들어집니다. 각종 유해화학물질의 사용으로 여성의 몸과 자연이 해를 입기도 합니다. 그녀는 자연에도 좋고 몸에도 좋은 면 월경대나 대안용품을 사용함으로써 월경하는 내 몸을 받아들이는 것이 여성으로서의 자신을 소중히 여기는 시작임을 말하고 있습니다. 이가현의 꾸밈 노동「용모 단정女 구합니다」은 오늘날 아르바이트 노동 일터가 노골적으로 여성들의 외모를 관리하면서 서비스 상품으로 취급하고 있다는 사실을 고발합니다. 머리부터 발끝까지 기준을 정해 외모와 몸매로 채용을 결정하는 업체가 있기 때문입니다. 이가현은 노동 현장에 첫발을 내딛는 수많은 청소녀와 청년 여성들이 당당하게 힘을 뭉쳐 옳지 않은 것에 함께 맞설 것을 제안하고 있습니다. 경진주의 사이즈「문제가 사이즈일까요?」는 일상복으로 입고 있는 교복이 왜 이렇게 불편하게 기획되었는지 질문하고 있습니다. 하루 종일 입고 있어야 하는 교복은 왜 점점 몸에 딱 붙고 짧게 줄어드는 걸까요? 그뿐 아니라 왜 여성스러운 옷은 대부분 이렇게 작은 치수일까요? 이렇게 우리는 일상에서 너무 자주 내 몸에 대한 불만과 혐오를 마주칩니다. 젊고 날씬하면 우리는 정말 행복할까요?

마지막으로 이안소영은 지금의 성장 사회가 몸에 관한 온갖 상품을 소비하도록 부추기고 경쟁력 있는 몸을 강요한다고 말합니다. 몸이 있기 때문에 우리는 다른 사람과 관계 맺고 일하고 사랑합니다. 그러나 동시에 몸이 있기에 누군가의 욕망의 대상이 되고 소비자가 됩니다. 내가 먹고 쓰고 버리는 것들이 누군가의 고통을 통해 만들어지고 다시 내 몸으로 돌아오는 과정을 생각해봅시다. 내 몸은 나 홀로 존재하지 않고 다른 수많은 생명체들과 연결되어 있습니다. 이안소영은 내 몸과 화해하면서 내 몸을 있는 그대로 사랑하고 존중할 것을 제안하고 있습니다.

여성의 몸을 상품화하는 사회, 예쁘지 않아도 괜찮습니다

우리는 누군가의 강요가 아닌 내 자유 의지로 화장과 브래지어를 하고 다이어트를 해야 합니다. 아름다움을 추구하려는 욕구는 본능적이고 미적인 행위의 일부이기도 합니다. 그러나 김주현은 그것이 정말 주체적 행위인가 의심하자고 제안합니다. 모든 것을 개인의 책임과 권한으로 돌리는 자유주의는 마치 그 모든 행위가 내 자유라고 생각하게 만들지만, 사실 여성의 몸은 철저히 누군가의 욕망의 대상이자 소비의 대상이 된다는 거죠. 그래서 여성의 외모 문제는 개인의 문제가 아닌 여성을 여성으로 묶어두려는 사회적이고 정치적인 문제입니다. 이 책은 10대 소녀들이 당당하게 스스로를 사랑하면서 더 자유로워지기 위해 무엇이 필요할지 질문을 던지고 있습니다. 우리가 어떻게 하면 이 끝을 알 수 없는 외모지상주의 속에서 자유로운 몸과 마음을 지킬 수 있을까요? 여성환경연대는 오랫동안 여성의 건강과 환경의 관계를 고민하여 우리가 자연과 더 많이 연결될수록 건강하다는 생각을 갖게 되었습니다. 지금 한국 사회의 탈코르셋이 진정으로 우리들의 다양한 몸을 존중하면서 더 풍요로운 자연과 사회를 만드는 멋진 이야기로 연결되기를 바랍니다. 이제부터 우리의 진짜 이야기를 시작해볼까요?

장이정수
여성환경연대 상임대표

차 례

외모 왜뭐

화장을 공부하게 하는 사회

김민지

안 해도 되지만 안 할 수 없는

최근 인천의 한 고등학교에서 '숏컷' 스타일의 여학생들에게 앞으로 무조건 머리를 기르라고 일방적으로 통보한 사건이 청와대 청원을 통해 알려졌습니다. 저 역시 중학생 때 머리가 너무 길어도 안 되지만 짧아도 안 된다는 이상한 교칙 탓에 친구들과 모두 비슷비슷한 머리를 했던 기억이 있습니다. 다만 학교가 정한 규칙을 조용히 따랐던 저와는 달리 지금의 학생들은 이것이 인권 침해라며 세상에 호소하고 있으니 정말 멋지고 놀라운 변화입니다. 분명 학생인권조례에서도 개성을 실현할 권리가 명시되어 있는데 청소년이라는 이유로 머리 길이나 색깔에 대해 반드시 이렇게 해야 한다고 누가 지정해버린다면 당사자들은 동의할 수 없죠. 화장이나 머리 스타일에 제한 규칙을 두는 학교들은 아마 앞으로도 점점 줄어들 것입니다.

그런데 누가 예전의 저보다 지금의 10대가 훨씬 자유롭고 편하게 외모로 개성을 드러내고 있느냐고 묻는다면 전 조금 회의적입니다. 교복을 줄여 입었다고 교무실로 끌고 가는 선생님은 줄었을지 몰라도 얼마 전에 난 기사를 보면 여학생들의 교복이 아예 처음부터 아동복보다도 작게 나오는걸요. 화장을 당장 지우라고 억지로 세수를 시키는 선생님은 없어졌겠지만 친구들끼리 서로 민낯을 놀리거나 자매들끼리 너 지금 창백해 보이니까 빨리 뭐라도 바르라고 틴트를 건네는 행동들이 생겨난걸요. 시험이 끝날 무렵이면 로드숍에서는 기가 막히게 세일을 해대고 미미나 쥬쥬는 더 이상 모형이 아닌 진짜 바르는 화장품과 함께 나옵니다. 그러니까 예전에는 '외모를 꾸미는 데 온 신경을 쓰다니 학생답지 못해!'라는 압력이 있었다면 지금의 청소년에겐 '너는 네 외모를 책임지고 가꿔야만 해, 그게 곧 자기 관리야!'라는 압력이 있는 셈이죠. 내가 1+1 화장품을 사서 친구와 나누는 것, 쉬는 시간에 수정 화장을 할지 말지 결정하는 것은 내가 정하는, 그러니까 굉장히 개인적인 문제입니다. 그런데 혹시 '개인적인 것이 정치적인 것이다'라는 말 들어보셨나요? 우리 개인들이 어쩌다 이런 고민을 하게 되었고 이런 선택을 하게 된 것일까 생각해봅시다.

화장 조기 교육

인터넷 포털에 아동복을 검색해서 나온 다양한 웹 사이트 중 하나를 골라 들어가보았습니다. 2013년과 2014년생이라는 두 모델은 곱슬곱슬한 긴 머리를 가진 여아들입니다. 볼에는 과하다 싶을 정도로 오렌지 컬러로 포인트를 주고 입술에도 뽀얀 피부와 대비되도록 환한 오렌지 빛을 발랐네요. 아이들은 허리 라인을 강조할수록 핏이 더욱 예뻐진다는 원피스를 입고, 어디를 보는지 알 듯 모를 듯하게 눈을 뜬 채 입술을 반쯤 벌리고 있습니다. 또 다른 아동복 쇼핑몰에 들어가보니 '셔링과 패턴이 여성여성스러운' 원피스에 '러블리하면서도 여성스러운 아이템'이라는 광고 카피가 붙어 있습니다. 눈과 볼, 입술에 전체적으로 오렌지 컬러로 통일감을 준 아동 모델은 바닥을 응시하거나 뒷모습에서 살짝 고개만 돌리고 있습니다. 카메라는 아이들 특유의 엉뚱발랄한 생동감이나 풍부한 표정을 잡으려고 노력하지 않고 화보도 잘 연출된 성인 모델의 사진과 다를 바가 없습니다.

요즘 인터넷에는 특히 과즙 메이크업을 한 열 살 혹은 그보다 약간 어린 아이들의 사진이 많이 보이더군요. 유튜브에는 이미 '초3 쎈 언니 메이크업', '5분 등교 메이크업', '초딩 파우치' 같은 제목을 단 영상들이 줄줄이 이어집니다. 혹시 어린 시절 컴퓨터로 '슈의 무엇무엇'이라는 게임 시리즈를 해본 적 있으신가요? 예를 들면 늦잠에서 깬 주인공 슈가 외출 준비를 하는데, 정해진 시간 동안 메이크업을 마치지 못하거나 핸드백에 넣을 화장품과 액세서리를 다 찾지 못하면 외출 실패로 게임이 끝나버립니다. 화장품을 두고 나가거나 화장을 건너뛰는 옵션 따위는 있지도 않습니다. 그 외에도 헤어나 옷차림을 자기 맘대로 고르는 게임도 있습니다. 취향대로 캐릭터를 꾸미는 게임처럼 보이지만 사실 그 끝에는 평가가 기다립니다. 스타일에 대한 평가가 나오고 점수가 매겨지죠. 얼굴 점수 40, 몸매 점수 48, 미모 점수 44, 개성 점수 50점이 제가 처음 게임을 통해 받은 점수입니다. 몇 번 반복하다보니 저도 모르게 가는 팔과 다리, 몸매가 두드러지는 옷, 알록달록한 머리, 큰 눈을 고르게 되더군요. 그러면 칭찬과 함께 높은 점수가 주어졌습니다. 컴퓨터와 막 친해질 무렵의 많은 어린 소녀들이 이런 게임을 통해 어떤 몸을 가져야 칭찬을 받는지 자연스럽게 받아들였을 것입니다. 그러니 이 외모 꾸미기 전쟁이 어떻게 그저 개인의 문제겠어요.

마침 발견한 그 광고, 사실은 누군가 흘려둔 미끼라면?

아이라인만 조금 다르게 그려봤을 뿐인데 뭔가 색다른 것 같아 기분이 설레는 날, 혹은 새로 산 색조 화장품이 내 피부 톤에 딱 맞는다고 느껴져서 뿌듯한 날, 새로 칠한 손톱이 마음에 들어 보고 또 봐도 기분이 좋은 날이 있습니다. 외모를 꾸미는 행위에는 분명 즐거움의 요소가 있습니다. 그러니 아마존 원주민의 빨갛고 까만 줄 긋기부터 도화살 메이크업까지 시대와 지역을 막론하고 저마다의 꾸미기 문화가 존재하는 것이겠죠. 화장을 통해서 새로운 나를 찾아내고 표현하는 활동은 창작욕을 불태우는 예술 작업이며 굉장히 높은 수준의 미학적 취미 활동입니다. 그런데 한편 화장은 다른 사람에게 인정받고자 하는 욕구가 강하게 반영된 사회적 활동이기도 하죠. 결혼식인지 놀이공원인지 면접장인지에 따라 권장하는 화장법이 다르고 시대에 따라 화장법이 다른 이유가 그 때문입니다. 그럼 과연 유행은 어떻게 만들어질까요? 다양한 전문가들이 나와서 뷰티 채널에서 화장법을 소개하고 SNS 스타들은 특정 제품을 사용한 사진과 후기를 열심히 올립니다. 조회 수와 추천 수는 이 내용이 얼마나 핫한 이슈인지를 실시간으로 드러내며, 다양한 매체에서 이 정보를 지금 꼭 알아야 하는 내용인 것처럼 반복해서 보여줍니다. 요즘의 웹 사이트들은 사용자가 가입할 때 제출한 성별이나 나이와 같은 개인 정보들, 팔로우하고 있는 계정들, 직접 입력했던 검색어들을 바탕으로 각자에게 맞춤형 정보를 제공합니다. 결코 우연이 아니지만 우연처럼 비슷비슷한 정보들을 계속 접하게 되니 화면에 반복해서 나오는 내용들을 굉장히 중요하다고 착각하게 되는 거죠. 이를테면 '2주에 10kg 빼는 다이어트 댄스', '산뜻 촉촉한 가을 꿀템 60%', '턱살 빼는 법'과 같은 정보들 말이에요. 이런 유의 과잉 정보들은 많은 여성들에게 압력으로 작용합니다. '살 빼야지, 새 화장품 사야지, 지금이야, 모두가 이미 준비하고 있다고!'처럼 은밀하고도 반복적인 세뇌인 거죠. 외모지상주의 사회에서 똘똘 뭉친 미디어들은 정보나 즐거움을 주는 척하며 여성들이 자신의 외모를 치장하고 가꾸게 만드는 데 일조하고 있습니다. 아주 교묘하게 말이죠.

나에게 주어진 코르셋을 거부합니다

원래 코르셋이란 동물의 뼈나 금속으로 지지대를 세운 과거의 보정 속옷을 의미합니다. 한창 유행하던 때에는 사람이 숨을 제대로 쉴 수조차 없을 정도로 코르셋을 잡아당겼는데, 갈비뼈가 부러질 정도로 허리를 잘록하게 만드는 지경이었다고 합니다. 끈을 있는 대로 잡아당겨서 허리는 가늘게, 가슴과 엉덩이는 상대적으로 풍만하게 보이게 만들었던 이 패션은 많은 여성들의 건강에 심각한 악영향을 끼쳤습니다. 혹시 누군가는 '왜 이 여자들은 이런 멍청한 옷을 입었던 거야?'라고 생각할지도 모르겠네요. 그런데 코르셋을 입지 않으면 당최 몸을 집어넣을 수도 없던 드레스, 그런 드레스를 입지 않으면 참여할 수 없는 사교 무대, 그런 자리에서 소개받은 남성 배우자가 없으면 혼자서는 재산을 갖거나 사회적 참여를 거의 할 수 없던 사회적 배경을 생각해보면 어떨까요? 엄마와 딸들이 꽉 조이는 코르셋을 입고 혼자서는 제대로 움직이지도 못하는 모습을 보일 때 '이 가족은 넉넉하고 여유로운 집안이구나'라고 인정해주었다니 이만큼 여성의 몸을 괴롭게 만드는 문화가 또 어디 있을까요. 요즘에는 좀 더 의미를 확장해서 아름다움이라는 이름으로 여성에게 강요되는 다양한 문화들을 통틀어

코르셋이라고 부릅니다. 공식적인 자리에 나설 때는 색조 화장을 해야 한다거나, 높은 구두를 신고 있어야 좀 더 프로다운 모습이라고 인정해준다거나, 몸무게가 늘어나면 자기 관리를 하지 못했다고 비난하는 말들이 바로 코르셋이죠. 보정 속옷 코르셋이 여성의 뼈와 장기를 망가뜨렸던 것처럼 외모 관리 코르셋은 여성이 스스로의 몸을 자연스럽게 받아들이는 것을 방해합니다. 수술을 통해 변형시켜서라도 몸을 고정 관념에 맞추고, 편하고 자연스러운 것보다 남의 눈에 예쁘게 보일 복장과 포즈를 더 중요하게 생각하는 사회가 지속된다면 누구라도 자기 몸에 대한 검열을 멈추기 힘듭니다. 그래서 지금의 여성들은 이 사회의 코르셋을 더 이상 용납하지 않겠다는 선언을 시작했습니다. 타인이 정한 예쁨의 기준에 따르지 않는 것을 '코르셋을 벗는다'라고 표현하고, 코르셋에서 탈출한다는 뜻을 담아 '탈코脫+코르셋'라고 이름을 붙여 각자의 목소리를 내고 있죠. 화장하는 법 동영상을 그만 올리겠다고 선언하는 유튜버, 색조 화장품과의 이별을 고하는 게시글, 긴 머리를 성큼 자른 인증샷, 하이힐에서 걷기 편한 신발로 바꿔 신은 후기들은 저마다의 방식으로 탈코를 말하고 있습니다. 탈코는 여성의 몸을 둘러싼 삐뚤어진 고정 관념에 더 이상 동참하지 않겠다는 실천인 셈입니다.

느려도 꾸준하게 새로운 여성들이 나타난다면

엠마 왓슨은 영화 〈미녀와 야수〉를 촬영하며 드레스 안에 코르셋을 입지 않겠다고 선언했습니다. 적극적이고 활발한 벨을 표현하는 데 가느다란 허리가 중요하지 않다고 여긴 까닭입니다. 최근에는 아주 가끔이지만 안경을 쓴 여자 앵커도 만날 수 있습니다. MBC의 임현주 아나운서는 눈이 뻑뻑해서 인공눈물을 하루에 한 통씩 쓰면서도 앵커로서 당연히 참아야 하는 줄 알았다는 인터뷰를 한 적이 있습니다. 지적인 남자의 상징처럼 여겨지는 안경이 여성에게는 왜 이리 어려운 벽이었을까요? 안경을 쓴 본인의 모습이 신선하든 낯설든 새로운 생각을 할 수 있는 계기였으면 한다는 임 아나운서의 행보에 많은 사람들이 응원을 보냈으면 하는 바람입니다. 이런 개인들의 행동이 기업과 사회를 변화시키는 힘이니까요. 제주항공은 올해 승무원이라면 비행기 밖에서도 반드시 하이힐을 신어야 했던 규정을 폐기했습니다. 기내에서 안경을 쓰는 것도 가능해졌다고 하네요. 어쩌면 너무나 당연한 일들이 이제야 이루어지고 있다는 생각이 듭니다. 올해 미스 아메리카 선발대회는 거의 100년 만에 수영복 심사를 폐지했습니다. 어때요? 우리가 조금만 더 함께 노력한다면 여성의 몸을 억압하고 멋대로 평가하는 이 코르셋을 더 많이 없앨 수 있지 않을까요?

불씨를 하나씩 보태봅시다

생각하고 결심한 것들을 행동으로 옮기는 것은 많이 어려울까요? 갑자기 하지 말아야 할 것들이 백만 개쯤 생긴 듯해서 좀처럼 시도하기가 어렵다고 느낄 수도 있습니다. 그렇지만 환경 보호를 생각해봅시다. 지금부터 평생 플라스틱 물건을 절대 쓰지 않겠다고 다짐할 수는 없더라도 가끔 편의점에서 물건을 살 때 비닐봉지 대신 가방에 넣겠다고 말해볼 수 있습니다. 너무 소소한 실천이라고 생각하시나요? 그렇지만 아무것도 하지 않는 쪽보다 훨씬 나은 결과를 가져올 거예요. 특히 여럿이 함께한다면 더욱 효과가 커지겠죠. 작더라도 실천 가능한 다짐을 하나씩만 생각해봅시다. 예를 들면 맨얼굴의 친구에게 굳이 이유를 묻거나 화장을 강요하지 않는 것, 온라인상에서 연예인의 몸매에 평가의 말을 남기지 않는 것, 다른 사람의 옷차림을 지적하지 않는 것과 같은 노력 말이에요. 외모에 대한 지적은 가까운 사람한테 듣는 경우가 많다니

당장 가족이나 제일 친한 친구에게 했던 말을 점검해봐도 좋겠네요. 혹시 부싯돌을 보신 적 있나요? 돌을 서로 부딪쳐 겨우겨우 작은 불꽃을 만들어내는데 이 불꽃이 잘 마른 나뭇잎을 만나면 본격적인 모닥불이 되어 추위도 막아주고 음식도 익혀주는 생명줄 역할을 톡톡히 합니다. 지금 세계 곳곳에 여성의 몸과 인권에 대한 인식이 나뭇잎처럼 켜켜이 쌓여가고 있습니다. 지금의 탈코르셋 열기에 저마다 작은 불씨 하나씩을 보태보면 어떨까요?

생각해봅시다

1. 화장을 하는 것도 안 하는 것도 나의 선택이니 탈코를 강요하지 말라거나 혹은 '너는 어차피 맨얼굴도 예쁘니까 탈코할 수 있는 거야'라고 말하는 친구와 어떤 대화를 주고받을 수 있을까요?

2. 개인 활동을 시작한 CL(이채린)의 몸매 변화를 두고 한때 다양한 기사들이 쏟아져 나왔습니다. 가장 공감이 가는 기사는 무엇이고, 가장 마음에 들지 않는 기사는 무엇이었나요?

김민지

누구보다 지는 게 싫었을 뿐이었는데 문득 돌아보니 명예남성이 되어 살고 있었다. 그런 나에게 다른 세상이 있다고 알려주고 싶었던 누군가의 빅픽처에 의해 여성주의자로 살게 되었다. 그 언니들의 큰 그림은 무엇이었고, 지금 그 언니동생친구들이 어디서 어떻게 살고 있는지 너무너무 궁금하다. 동네 여성단체 초록상상에서 때로는 화장품을 만들고 때로는 커피를 내리고 때로는 책을 읽으며 살고 있다.

화장이 왜 뭐

화장기 없는 수수한 모습의 바비인형

메이크언더 프로젝트
Tree Change Dolls

프로젝트 전

프로젝트 후

어릴 때 갖고 놀던 바비인형을 떠올려볼까요? 짙은 화장과 반짝이는 드레스, 화려한 헤어스타일이 먼저 그려집니다. 어릴 때부터 바비인형에 'OO공주'라는 이름을 붙여 인형 놀이를 하고는 했던 경험, 한 번쯤은 있을 텐데요. 호주 출신 예술가 소니아 싱은 '쓰리 체인지 돌스'란 프로젝트를 시작했답니다. 메이크언더(make-under) 프로젝트로 메이크오버(make-over)와 반대되는, 화려한 모습의 인형을 화장기 없는 모습으로 다시 바꾸는 프로젝트입니다.

수수한 모습의 인형이라니! 우리가 어릴 때 갖고 놀았던, 우리 상상 속에 있는 '인형'의 모습과 많이 다르죠? 주로 어릴 때부터 갖고 노는 인형은 큰 눈과 짙은 화장, 짧은 치마와 하이힐까지… 그런 모습이 이제 막 자기 정체성을 갖고 가치관과 기준을 세워 세상을 바라보기 시작하는 아이들에게 일관된 '미의 기준'을 심어주는 건 아닐까요? 인형의 모습을 선망하고, 닮길 원하면서 비현실적인 몸매와 화려한 화장 같은 외모 가치관이 자신도 모르는 사이에 생겨버릴 수도 있고요. 앞의 사진은 소니아 싱이 작업한 인형의 전후 모습입니다. 어떤 인형이 더 마음에 드나요?

* 참고 영상: '소니아 싱, 인형 바꾸기'

노브라는 안 돼,
그렇다고
'티'내지도 마

윤나리

브래지어와 오늘부터 1일

어릴 적 엄마의 알록달록한 예쁜 브래지어를 보면 괜히 기분이 좋았습니다. '나는 언제 이런 걸 입어볼까, 예쁘다'라는 생각을 하곤 했습니다. 그래서 은근히 가슴이 빨리 나왔으면 좋겠다고 생각했죠. 초등학교 3학년 겨울이 끝나갈 때, 유두 끝이 예민해지면서 가슴이 아파왔지만 겉으로 보기에 아무런 변화가 없어서 괜히 엄마한테 말하기 부끄러웠습니다. 뒤늦게 말씀드리니 얼른 브래지어를 사야겠다고 하시며 함께 브래지어를 사러 갔죠. 하지만 또래보다 왜소했던 저의 가슴둘레에 맞는 브래지어를 찾기는 어려웠습니다. 대형 마트 속옷 코너 한쪽을 차지한 '청소년 브래지어'에서 '1단계' 라벨이 붙은 아주 작은 사이즈의 브래지어를 구입했습니다. 아직도 기억나는 노란빛 브래지어가 나의 첫 브래지어였습니다.

기대에 차 처음 착용해봤던 브래지어는 생각보다 매우 불편했습니다. 흘러내리지 않게 흉부를 꽉 조여서 입고 있으면 신경이 온통 명치 쪽으로 곤두섰죠. 학교에 브래지어를 하고 갔다가 결국 화장실에서 브래지어를 벗어 가방에 다시 넣어 온 적도 있었습니다. 그러나 초등학교 5·6학년이 되니 이제는 모든 여학생이 브래지어를 착용하는 게 당연한 분위기가 되어 더 이상 불편하다고 벗을 수 없어졌습니다.

브래지어는 착용해야 돼! 그런데 보이면 안 돼!

저는 여중, 여고를 나왔습니다. 당연히 전교생이 브래지어를 착용했죠. 그런데 여름만 되면 선생님들은 교복에 비치지 않는 색깔의 속옷을 입도록, 그리고 꼭 슬리브리스를 받쳐 입어 브래지어 자체가 비치지 않도록 복장 지도를 하셨습니다. 괜히 실랑이를 벌이고 싶지 않아서 나름대로 얌전한 색의 브래지어를 입었지만 왜 브래지어가 교복 밖으로 비치면 안 되는지 이해가 되지 않았습니다. '혹시 브래지어가 교복에 비치는 것이 야해 보이는 것일까? 여학교인데 누가 야하다고 생각하는 것일까?' 막연히 브래지어는 '속옷'이니까, 속옷이 보이는 것은 단정치 못하니까 하고 혼자 이해하고 따랐습니다. 그래서 여학교임에도 불구하고 친구의 반팔 교복 사이로 브래지어 끈이 흘러나오면 마치 못 볼 것을 본 것마냥 '너 브라 끈 나왔어'라고 조심스레 알려주는 것이 당연한 게 되었습니다.

제 속옷이 불편하신가요?

그런데 10년도 더 지나서 여학생의 속옷 색깔에 대한 규정이 또 불거졌습니다. 부산의 한 여자중학교에서 흰색 속옷만 착용하라는 교칙이 생겼기 때문입니다. 하지만 이제 시대가 변했습니다. 10년 전 학생들처럼 당연하게 학칙을 따르지 않았습니다.

"인권 침해다."
"속옷이 비치는 게 선정적인가요? 그렇게 생각하는 것 자체가 문제 아닌가요?"
"제 속옷이 불편하신가요?"
"뭘 입든 우리 자유"

학생들은 학교 곳곳에 포스트잇을 써 붙이는 쪽지 시위를 벌이며 학칙에 반발했습니다. 소셜 네트워크[SNS]를 활용하는 것은 물론 청와대에 '학생 인권을 침해하는 교칙을 규제해달라'는 국민청원도 올렸습니다. 결국 학교는 이를 받아들여 학칙을 개정키로 했습니다.

모든 여성이 브래지어를 하는 것은 '당연'하지만 브래지어를 했다는 것을 '티'내서는 안 됩니다. 너무 당연해서 '노브라'는 선택지에 없습니다. '안 한 것 같은' 브래지어만 있습니다. 왜 브래지어를 안 할 수는 없는 걸까요?

여자가 '야한 가슴'을 브래지어로 가려야 하는 이유

여성의 가슴 노출은 언제나 화제의 중심이 되었습니다. 여자 연예인을 검색하면 '○○가슴', '○○가슴 노출' 같은 연관 검색어가 함께 걸립니다. 기사 사진은 더 합니다. '아찔한', '풍만한', '터질 듯한', '보일 듯 말 듯' 등등 노골적인 단어를 사용하며 가슴 노출을 '섹슈얼'한 것으로 표현합니다. 반면 남성의 가슴 노출은 전혀 성적으로 다루지 않습니다.

같은 신체 부위임에도 불구하고 여성의 가슴만 '성적 대상화'가

되어왔기 때문입니다. 성적 대상화는, 자신의 성적 욕구를 충족하기 위해 다른 사람을 인격이나 감정이 없는 물건처럼 취급하는 것을 말합니다. 결코 스스로 하지 않는, 할 수 없는 현상이죠. 지배·피지배 관계가 명백한 위계 관계에서 벌어질 수 있는 현상이며 우리 사회가 남성 중심주의적인 사회임을 알 수 있습니다.

SNS에 사진 올리기 전에 해야 하는 일, '브래지어 했나요?'

성적 대상화가 된 여성의 가슴은 검열의 대상이 됩니다. 일상에서의 노브라, 즉 자연 가슴은 수군거림을 동반합니다. 브래지어로 야한 가슴을 가려야 하는데 하지 않았기 때문이죠. 심지어 SNS까지도 검열합니다. 페이스북, 인스타그램의 경우 여성의 유두 노출을 금지합니다. 유두를 가려야만 여성의 가슴이 게시될 수 있으며 가리지 않고 게시할 경우 삭제 조치됩니다. 실제로 페이스북 코리아는 국내 페미니스트 단체인 '불꽃페미액션' 활동가들이 월경 페스티벌 행사에서 선보인 상의 탈의 퍼포먼스 사진 게시물을 '음란물'로 규정하고 삭제해버렸습니다. 이에 불꽃페미액션은 여성의 가슴은 성적 대상이 아님을 항의하며 페이스북 코리아 사옥 앞에서 상의 탈의 시위를 벌였습니다. 결국 페이스북 코리아는 시위 하루 만에 사과문을 발표하고 오류로 삭제된 것이라며 해명했습니다. 삭제 조치되었던 게시물도 복원되었습니다.

브래지어 안하면? '관종'

직접적인 가슴 노출을 하지 않았지만 질타를 받은 경우도 있습니다. 여자 연예인 설리는 자신의 인스타그램에 올린 몇몇 사진들 때문에 사람들로부터 '예의가 없다, 관심을 받고 싶어 한다, 변태 아니냐' 등의 뭇매를 맞게 되었는데요. 가슴을 직접 노출한 사진도 아니었습니다. 옷 위로 유두가 도드라져 브래지어를 착용하지 않았다는 걸 알 수 있는 사진일 뿐이었습니다. 많은 여성들이 설리를 불편하고 이상하게 생각했습니다. 설리가 불러온 노브라 바람은 여성들조차 얼마나 깊고 자연스럽게 성적 대상화에 스며들었는지 알 수 있는 계기가 되었습니다.

브래지어는 '기능' 때문에 입는 거래요. 정말요?

가슴이 커지면 브래지어를 착용하는 것이 당연하게 되었습니다. 첫째로는 가슴을 '보호'하기 위해서, 둘째로는 가장 중요하게 생각하는 가슴의 '모양'을 위해서입니다. 가슴, 특히 유두가 외부

충격에 민감한 부위이기는 합니다. 생리 주기에 따라 유두가 예민해지는 사람들은 유두의 보호를 위해 브래지어를 착용할 수 있죠. 그러나 가슴의 모양을 위해서 브래지어를 착용해야 한다? 글쎄요, 과연 그럴까요?

브래지어를 착용하지 않으면 가슴이 처지고 모양이 잡히지 않는다고 생각합니다. 브래지어 속의 와이어가 가슴을 받쳐주고, 넓고 쫀쫀한 옆 날개가 흔들림 없이 고정해서 가슴의 처짐을 막아준다고 믿고 있죠. 하지만 안타깝게도 브래지어도 중력을 거스를 수는 없습니다. 브래지어를 하든 말든 어차피 우리의 가슴은 시간의 흐름에 따라 중력의 영향을 받아서 자연스러운 모양으로 변화하게 되죠. 오히려 브래지어를 착용한 것이 가슴을 더 처지게 만들 수 있습니다. 2013년 4월 장 드니 루이용 프랑스 브장송대 교수 팀이 1997년부터 여성 330명의 브래지어 착용 습관과 신체 변화의 관계를 조사한 결과, 브래지어를 착용한 여성의 가슴이 더 많이 처졌다는 결과를 밝혀냈습니다. 브래지어 착용 여부보다는 흡연과 임신 경험으로 인한 피부 탄력 감소가 가슴 모양 변화에 더 많은 영향을 미쳤죠.

건강을 해치는 그 이름, 브래지어

브래지어를 오래, 또 꽉 맞게 착용했을 때 신체에 직접적인 문제가 생깁니다. 너무 타이트한 브래지어는 피부에 벌건 자국, 피부 쓸림, 등과 어깨 통증을 유발합니다. 특히 와이어가 있는 브래지어는 더욱 건강에 좋지 않습니다. 브래지어의 와이어는 여성의 흉부를 직접 압박하여 소화불량을 초래합니다. 또한 가슴 주변의 림프선을 압박해 혈액 순환을 방해하고 체내에 노폐물이 쌓이게 하고, 심한 경우 유방암의 원인이 되기도 합니다.

과학적으로도 브래지어가 건강에 좋지 않은 것이 밝혀지고 있는 지금, 더 이상 우리의 건강을 해치면서까지 우리의 신체를 옥죄는 기괴하고 무시무시한 브래지어를 착용할 수는 없습니다. 우리의 가슴에는 노브라, 아니, 자연 가슴이 당연합니다.

예쁜 가슴을 향한 집착은 어디에서 왔나요?

가슴을 상상해봅시다. 머릿속에서 떠오르는 이미지는 볼륨감 넘치는, 동그랗고 탄력이 있고 대칭을 이루고 있으며, 분홍빛 유두를 가진, 흔히 말하는 '이상적인' 모양의, '여성'의 '예쁜' 가슴입니다. 매우 작거나 아니면 비대칭이거나 아니면 처진 가슴을 예쁜 가슴이라고 생각하는 사람은 없을 것입니다.

우리는 이상적인 가슴의 이미지를 여자 연예인, 즉 미디어를 통해 형성하고 있습니다. 미디어는 누가 얼마나 풍만하고 부드러운 가슴을 가졌는지 보여주고, 심지어 가슴이 작은 여자 연예인에게는 서슴없이 '굴욕'이라는 단어를 사용하기도 합니다. 미디어가 만들어낸 이상적인 가슴은 어떤 '원형'처럼 존재합니다. 미디어에서 끊임없이 쏟아지는 '예쁜 가슴' 이야기에 우리도 모르게 그 기준을 우리 가슴에 들이대고 동경하게 됩니다. 하나의 형태로 존재하는 이상적인 가슴이 우리의 가슴과 전혀 다른 건 당연합니다. 그럼에도 우리는 계속 비교하면서 어느 한 부분이라도 다르면 '비정상'이라고 판단합니다.

만 명의 여성, 만 개의 가슴

가슴의 크기, 유륜의 크기, 유두의 크기는 모두 제각각입니다. 유두가 함몰되어 있을 수도 있고, 유륜에 오돌토돌한 돌기가 났을 수도, 털이 났을 수도 있습니다. 유륜과 유두의 색이 분홍색일 수도, 어두운 갈색일 수도 있습니다. 또 양쪽 가슴의 크기나 위치가 다를 수도 있습니다. 그래도 전혀 문제되지 않습니다. 특정 형태의 가슴만 정상인 것이 아니며, 특별히 아름다운 것도 아닙니다. 가슴은 하나의 형태가 아닙니다. 만 명의 여성이 있다면 가슴 또한 만 개의 개성적인 형태를 가지고 있으니까요.

사실 우리는 대중목욕탕 등 일상에서 다양하고 있는 그대로의 가슴을 만나고 있습니다. 경험적으로 다양한 가슴이 있다는 것을 알고 있습니다. 우리가 강요받은 기준만 깨부수면 되는 일입니다. 우리의 가슴은 누군가가 정해놓은 기준 때문에 고통받을 필요가 없습니다. 이런 가슴도, 저런 가슴도, 그저 다양한 몸의 일부임을 인지하고 사회 인식이 변화하도록 바꿔야 합니다. 우리의 가슴은 그 누구도 평가할 수 없습니다.

찌찌 해방을 위하여

여성은, 그리고 여성의 가슴은 너무 오랜 시간 동안 치밀하게 억압받았습니다. 여성의 가슴만 성적 대상화가 되어 남성의 즐거움으로 소비되며 물건처럼 평가받았습니다. 의지와 상관없이 '야한' 가슴을 갖고 있기 때문에 2차 성징을 겪을 때부터 수십 년 동안 건강에도 좋지 않은 브래지어를 억지로 착용하여 가슴을 가려야 합니다. 게다가 브래지어를 착용하는 것은 당연하지만 브래지어를 드러내는 건 안 됩니다. 브래지어로 다양한 가슴을 숨기고 보완까지 합니다. 죄 없는 가슴 하나로 이렇게 피곤할 수가 없습니다.

여성의 가슴 해방이 절실합니다. 그리고 이 세상은, 함께하는 자매들의 용기로 변하고 있습니다.

생각해봅시다

1. 브래지어를 처음 착용했을 때의 경험 등 브래지어와 얽힌 이야기를 나누어봅시다.

2. 브래지어를 착용하지 않고 외출한 적이 있다면, 그때 느낀 기분을 나누어봅시다.

3. 가슴 해방을 위해 해야 하는 일이 무엇인지 이야기를 나누어봅시다.

윤나리

숙명여자대학교에서 정치외교학과 환경학을 공부했다. 2014년부터 2년간 비영리민간단체 옮김에서 활동, 2016년 여성환경연대 기획단에 참여했다. 현 동물권단체 동물해방물결 공동대표이다.

가슴이 왜 뭐

외모에 대해 말하지 않고
일주일 살기

나는 외모 이야기를 얼마나 자주 할까? 평소 의식하지 않지만, 곰곰이 생각해보면 끊임없이 외모 이야기를 주고받는 자신의 모습을 떠올릴 수 있을 것입니다. 지하철 맞은편에 앉은 여자의 눈썹 모양이 어땠다거나, 주말 동안 많이 먹어서 부었다거나, 오늘은 좀 피곤해 보인다거나 예뻐 보인다거나… 누군가에게 건네는 첫인사도, 칭찬도, 걱정도 모두 외모에 대한 품평이 섞여 있기 쉽습니다.

한국여성민우회는 2016년 〈한겨레〉와 함께 일상의 작은 실천을 제안하는 '해보면 달라져요' 프로젝트를 진행하며, '일주일간 외모에 대해 말하지 않고 살아보기' 캠페인을 했습니다. 다들 별거 아니라며 쉽게 성공을 자신했지만, 대부분 실패할 수밖에 없었는데요. 스스로 생각하는 것보다 훨씬 더 많이 외모에 대한 평가나 코멘트로 대화가 이루어졌기 때문입니다. 또한 이 캠페인을 해보면서 우리 모두가 외모 평가의 대상이 되면서도, 때로는 타인을 향해 외모 평가를 하는 주체임을 새삼 깨닫게 되었습니다.

가족, 친구, 주변의 사람들과 '외모에 대해 말하지 않고 일주일 살아보기'를 해보면 어떨까요? '외모에 대해 말하는 것' 대신 다른 주제로 대화할 방법을 찾게 될 것입니다.

Tip

외모 품평에서 자유로워지기 위한 실천법 노하우

❶ 내가 콤플렉스라고 생각하는 부분 끊어보기!
예 | 반쪽 눈썹으로 다녀도 괜찮다는 것을 깨우친다.

❷ 외모 지적질하는 사람(특히, 남자 사람)을 뚫어지게 쳐다보기. 바라보이는 대상에서 바라보는 사람으로 위치 변경! (쩍벌남도 뚫어지게 쳐다보면 뭔가 이상하다는 것을 느끼기도 합니다.) 외모 지적하는 말에는 도로 물어보며 그대로 반복해주기. "살 빼면 좋아?" "화장하면 예뻐져?" 질문을 반복하며 근거를 물어보면 상대방도 자신의 말에 근거가 없음을 깨닫게 됩니다.

❸ 그리고 마지막, '답정너'에게 당신은 대답하지 않을 자유가 있어요. 소모된다 싶을 때는 자신을 돌보시길! 잊지 마세요! 우리에게는 대답하지 않을 자유도 있다는 것!!

출처: 여성환경연대 X『우리에겐 언어가 필요하다: 입이 트이는 페미니즘』,『우리에게도 계보가 있다: 외롭지 않은 페미니즘』 저자 이민경 님 (2016년 '외모? 왜뭐! 페스티벌')

내 몸은
나를 위해서

김민지

당신의 진짜 매력을 더 많은 사람들이 알았으면 합니다

스테이크 먹방으로 유명한 작곡자 돈 스파이크, 식신 캐릭터로 오랜 기간 활동해온 개그맨 정준하는 모두 체구가 일반인의 평균을 훨씬 넘는 사람들입니다. 그런데 이들보다 훨씬 더 잘 먹는 자그마한 여자 연예인이 있다면 믿으시겠어요? 도장 깨기 하듯 맛집을 찾아다니는 어떤 여행 프로그램에서 숨어 있던 먹신을 발굴했습니다. 스푼에 고기의 살점만 모아 담아 깔끔하게 한입에 털어 넣는 모습이나 커다란 빵을 돌돌 말아 한입에 쏙 넣은 뒤 헤벌쭉 웃는 얼굴을 보고 있자면 모니터 건너편의 제 입에도 침이 고이곤 합니다. 한편 저 사람은 진짜 먹는 걸 좋아하나보다 싶기도 하고 방송이 아니라면 평소에는 한 끼에 몇 인분이나 먹을까 괜히 궁금해지기도 합니다. 사실 그도 처음 오디션 프로그램에 얼굴을 비쳤을 때는 지금처럼 마른 몸이 아니었고, 탈락할 때까지 외모보다는 가정사나 과거 행동에 대한 관심이 훨씬 더 많았습니다. 그랬던 그가 30kg이 넘게 감량을 하고 정말 마른 몸으로 컴백했을 때 미디어는 일제히 관심을 쏟아냈습니다. '○○을 입어도 돋보이는 누구', '군살 없는 미녀 누구', '180도 확 달라진 누구'라는 제목들이 매일같이 포털에 실렸고 식단이 뭐였는지 성형 없이 살만 뺀 것인지 등에 대해 분석한 기사까지 나왔습니다. 사실 오디션 때부터 그녀는 이미 가창력과 가능성을 인정받았지만 데뷔를 준비하는 동안 그 좋아하는 음식을 멀리하려 수없이 자신을 타일렀을 것입니다. 마르디 마른 몸을 하지 않으면 여태 갈고 닦았던 노래 실력을 뽐낼 기회조차 오지 않을 수 있다는 걸 너무 잘 알아서였겠죠. 가수가 되기 위해 살을 뺐고 그래서 마른 몸으로 노래했더니 예전만큼 노래는 잘 되지 않고, 사람들은 내 노래보다 다이어트에만 관심을 갖더라는 그의 인터뷰를 보고 있자니 마음이 몹시 아프더군요. 그런데 이런 다이어트는 과연 텔레비전에 나오는 연예인들만의 이야기일까요. 보통 사람들도 친구 사이에서, 혹은 가족이나 친척들 간에 '살을 좀 빼면 확 달라질 텐데'라던가 '살 빼더니 너무 예뻐졌다'라는 이야기를 수도 없이 주고받습니다. 우리는 왜 이렇게 몸무게에 민감하고 너도 나도 마른 몸이 되어야 한다고 약속이라도 한 듯이 행동하는 걸까요?

내 몸이 뭐 어때

사실 저는 누구보다 튼튼해 보이는 다리를 가졌습니다. 그리고 그 다리에 대한 스트레스는 저의 10대를 내내 괴롭히던 큰 고민 중의 하나였죠. 학교는 따로 교복 바지도 주지 않아 저는 매일 아침 교복 치마에 꾸역꾸역 몸을 집어넣는 괴로움을 겪어야 했습니다. 사실 몸매 따위에는 관심 없는 척했지만 어떤 운동을 하라느니, 병으로 다리를 밀라느니, 잘 때 다리를 어떻게 하라느니 몰래몰래 수많은 정보들을 수집하고 하루 이틀쯤은 열심히 실천해보기도 했습니다. 물론 우리 모두가 알고 있듯, 그렇게 하루 이틀 했다고 다리 살이 쏙 빠지는 기적 따위도 일어나지 않았죠.

나의 몸을 향한 스스로의 검열이었을까요. 세상 모든 일에 비교적 자신감 넘치게 행동했던 저지만 스무 살이 넘어서까지도 반바지의 벽은 뚫지 못했습니다. 한여름에도 내내 긴바지를 입고 다녔

었죠. '애 다리가 왜 이렇게 굵어?'라는 친구의 혼잣말을 듣고서 헉하고 숨고 싶었던 기억도 있습니다. 친구는 별 의도 없이 한 말이었겠지만 그날 이후 저는 더욱더 다리를 숨기고 감추기 바빴습니다.

그런 제가 달라지게 된 계기가 있었습니다. 호주로 워킹홀리데이를 가면서 정말 다양한 문화와 사람들을 만났던 거죠. 집세를 아끼기 위해 브라질에서 온 또래 셋과 한집에 살았었는데, 그들은 정말 누구보다 열심히 놀 줄 아는 친구들이었습니다. 월화수목금토일 할 것 없이 매일 밤이 파티였고, 늦은 오후면 우리 집에서는 늘 파티를 위한 메이크오버가 시작되었습니다. 그런데 그 친구들의 패션은 슬금슬금 제게도 영향을 미쳤습니다. 본인들이 가장 입고 싶은 옷을 입고 그 옷을 입은 자신의 모습을 늘 즐기던 친구들이 제게도 파티룩을 권하기 시작했습니다. 평소라면 감히 엄두도 내지 못할 짧은 치마나 등이 시원하게 파인 윗도리를 빌려 입게 된 거죠. 남의 눈에 예뻐 보일 옷을 찾지 말고 오늘 밤 네가 제일 입고 싶은 옷을 입으라는 친구들의 조언은 정말 신세계였습니다. 밤마다 친구들과 옷 무더기를 같이 뒤지면서 제가 특정한 옷을 싫어했던 것인지, 남의 눈을 신경 쓰느라 입지 못했던 것인지 점점 깨닫게 되었습니다.그렇게 호주에서 1년을 보내는 동안 제 몸무게는 10kg 가까이 불었지만 이제는 한국에서도 반바지를 얼마든지 꺼내 입을 용기가 생겼습니다. 몸무게가 늘어나며 허리도 다리도 더 두꺼워졌지만 그런 상황들이 제 선택을 방해하지 않았어요. 남의 몸에 대해 말하기 좋아하는 어떤 사람들은 여전히 제게 이러쿵저러쿵 말을 해대지만 기가 죽어 내 몸을 꽁꽁 싸매기보다 그들에게 무례함을 지적할 수 있게 되었습니다. 그리고 이제 저는 짧은 바지를 아주아주 좋아합니다. 더운 여름을 나기 위해서도 그렇고, 무엇보다 편하기 이를 데 없더라고요. 반바지를 모르고 살았던 지난 시간들이 안타깝네요.

BMI의 함정에 속지 맙시다

　벨기에의 천문학자이자 수학자인 케틀레는 사람들의 체격에 따라서 사회적인 다른 특징들도 달라지는지 궁금했습니다. 그래서 체중을 키의 제곱으로 나누는 지수를 개발했죠. 왜 하필 키의 제곱인지는 아직도 의문입니다만, 이게 바로 그 유명한 BMI 지수입니다. 건강 진단을 위해 개발한 숫자도 아니고, 의사들이 모여 정한 공식도 아닙니다. 그럼에도 식이 워낙 단출하고 입력해야 하는 정보도 간단해서 세계적으로 비만 얘기에 가장 널리 쓰이고 있죠. 문제는 어지간한 사람들도 이 공식과 기준에 의하면 대개 문제 체중이 된다는 것입니다. 대한비만학회는 BMI 지수 23부터 과체중, 25는 비만, 30 이상은 고도 비만이라고 명시하고 있는데 사실 한국인의 경우 25~27사이의 사람들이 정상 체중 사람들보다 오히려 사망률이 낮다고 합니다. 고도 비만인 사람들보다 많이 마른 사람이 위험하고 정상 체중이 과체중 혹은 비만인 사람들보다 위험하다니 그 '정상'이란 도대체 뭘까요. 19세기에 만들어진 BMI 지수는 무려 한국인 여성의 1/4을 비만으로 진단합니다. 그런데 요즘 SNS에는 근거도 출처도 알 수 없는 지표가 돌아다니고 있습니다. 옷발 잘 받는 '미용체중표'라는데 그토록 깐깐한 비만학회의 기준을 적용해볼 때도 저체중의 범위에 서야 하며 체지방은 물론 건강에 꼭 필요한 근육까지도 심하게 부족해야만 도달할 수 있는 몸무게입니다. 이런 표는 도대체 누가, 왜 만들어 돌리는 걸까요? 이런 정체불명의 정보들이 넘쳐날수록 엄한 사람들이 살을 빼야겠다고 다짐하게 되고, 스스로를 뚱뚱하다고 생각하게 되고, 심지어는 진짜 건강을 잃기도 합니다. 혹시 누군가는 우리의 건강과 맞바꾼 돈을 계속 벌 수 있을지도 모르겠네요.

외모에 대한 무책임한 칭찬은 됐습니다!

한때 SNS에서 A4 종이로 허리를 가린 사진을 올리는 릴레이가 있었습니다. 내 허리는 고작 21cm도 되지 않는다는 인증이랄까요. 사람의 몸은 다양해서 허리 사이즈도 누구는 굵고 누구는 가늘 테니 복사용지 한 장이 허리를 가리든 말든 별로 중요한 일이 아닙니다. 그러나 그것이 도전이 되고 유행이 된다면 더 이상 가볍게 넘길 수 없습니다. 대단한 일을 해낸 것마냥 칭찬을 하고, 다른 사람의 도전을 부추기고, 평범을 벗어난 마른 사이즈의 몸을 격려하면서 보는 사람으로 하여금 사진의 몸과 자신의 몸을 비교하도록 만드는 것은 더 이상 놀이일 수 없습니다.

'여자로 태어났다니 정말 대단해!'

'열다섯 살이라고? 정말 잘했어'

'김 씨야? 수고했네'

위의 문장은 누가 들어도 이상합니다. 결코 칭찬받을 만한 일이 아니라는 것을 누구나 알 거예요. 노력을 거듭해 운동 기록을 앞당겼다거나 연습해서 곡 전체를 연주할 수 있게 된 것처럼 의미 있는 성공을 해낸 이에게 칭찬은 달콤한 보상이 될 수 있습니다. 그 칭찬을 바라보는 다른 사람에게도 동기 부여가 되겠죠. 그렇지만 외모는 좀 다릅니다. 앞서 예를 든 나이, 성씨처럼 외모가 노력 여부에 따라 달라지는 요소가 아니라면 칭찬이 어떤 의미가 있을 까요? 혹시 '외모도 노력에 따라 달라지는 것이 맞잖아!'라고 생각 했나요? 하지만 키나 몸무게, 피부색, 다리의 모양과 길이, 눈이나 모공의 크기 따위에서 노력이 차지하는 영향은 그리 크지 않습니 다. 생활 습관으로 변화를 줘봤자 개인이 타고난 체형과 살고 있 는 환경의 영향 범위에서 약간씩 왔다갔다할 뿐 다른 세계로의 이 동은 불가능한 일에 가깝습니다. 혹시 연예인의 전설적인 성공 사 례를 머릿속에 떠올리셨다면 그것은 이미지를 만드는 일을 직업 으로 하는 다양한 전문가들이 합심해서 만든 프로젝트이지 결코 한 개인의 노력이 아니었다는 말을 하고 싶습니다.

그럼에도 정말 많은 사람들이 외모에 칭찬의 말을 건네는 것이 좋은 관계의 시작이라고 생각합니다. '잘생겼다', '키가 크다'와 같 은 말을 들으면 상대방의 기분이 좋아질 것이라고 생각하기 때문 이죠. 그런데 생각해보면 이보다 더 무책임한 말이 없습니다. 듣는 사람의 입장에서는 예상치 못한 순간에 외모에 대한 평가를 당해 버린 셈이죠. 비록 좋은 점수를 받았다 할지라도 둘의 관계가 순식 간에 평가하는 사람과 평가 받는 사람으로 나누어진다면 대등한 힘을 가진 좋은 관계가 아닐 것입니다. 이런 인사말들이 일상이 되어 매번 반복된다면 어느 한 쪽은 자연스럽게 늘 평가받을 채비를 하며 긴장하고 준비하게 될 테니 말이죠. 누구보다 외모에 대한 칭찬을 많이 받고 있는 아이돌들이 오히려 섭식장애를 호소하는 것이 그 예가 되겠네요. 외모를 주제로 한 이야기는 제3자에게도 영향을 미칩니다. 누군가는 외모로 갈채를 받고 있을 때, 그것을 목격한 주변 사람들은 빠른 순간에 칭찬받은 몸과 칭찬받지 못한 자신의 몸을 비교할지도 모릅니다. 이런 일이 반복되면 상대적으로 외모로 주목받지 못하는 자신의 몸을 책망하게 될 테고요. 오바마전 미국 대통령이 캘리포니아주의 법무장관을 소개하며 가장 뛰어난 외모를 가졌다는 뜻으로 'best looking'이라는 표현을 썼다가 전 세계적으로 크게 혼쭐이 난 적이 있습니다. 결국 당사자를 비롯해 대중에게 용서를 빌어야 했죠. 외모에 대한 칭찬은 이만큼 시대에 뒤떨어진 행동입니다. 뭐라고 인사말을 꺼내야 할지 모르겠다면 차라리 입은 다물고 눈웃음을 한 번 더 짓는 편이 낫습니다.

몸에 대한 지적을 멈추세요.

여자라면 응당 가냘프도록 강요받는 문화, 그 기준과 멀어지면 비난하고 지적하는 문화. 우리는 더 이상 이 오지랖을 내버려두어서는 안 됩니다. 내 몸에 노력을 기울이는 것은 남의 눈에 맞추기 위함이 아니라 나의 몸과 마음을 건강하게 만들기 위해서여야 합니다. 내 몸은 내가 사는 곳이고, 몸과 마음은 분명 연결되어 있습니다. 더 많은 것을 할 수 있는 몸을 가지고 있다면 우리는 더 많은 일에 자신감을 가지고 도전할 수 있어요. 마른 몸 만들기는 건강을 위한 노력이 아닙니다. 혹시 건강을 위해 체중을 줄여야 하는 소수의 사람들이 있다 해도 모두가 당연히 마른 몸을 가져야 한다고 생각해서는 안 됩니다. 사람의 체질과 체형은 모두 다르고 이는 비난을 받을 이유가 되지 않습니다. 혹시 습관처럼 자신이나 친구에게 '나 살 빼야 되겠지?'라는 질문을 던진다거나 가족이나 친구, 다른 사람의 몸을 수시로 평가하고 있다면 이제 그만 몸에 대한 지적을 멈추세요. 말은 문화를 만드는 힘을 가지고 있습니다. 모두를 행복하게 만드는 것이 아니라 대다수의 여자들을 움츠러들게 만드는 문화라면 우리는 바꿔야 해요.

누구나 입고 싶은 옷을 맘대로 입을 수 있고, 먹는 행동에 죄책감을 가지지 않아도 되고, 훌륭한 기록을 세운 스포츠 선수가 몸이나 표정 때문에 걱정하지 않아도 된다면, 한 살씩 성장할수록 내 몸이 가진 능력치가 더욱 커진다면, 우리는 분명 더 많이 행복할 거예요. 비교나 평가에서 자유로워지면 마음고생할 일, 마음의 병을 키울 일도 줄어들 것이고요. 모르는 사람이 만들어낸 기준에 나의 몸을 비교하지 마세요. 나의 몸에 애정을 가지고 숨은 욕구를 발견하는 것, 마른 몸을 만들기 위해 쏟을 에너지를 내 몸이 가진 능력치를 높이기 위해 사용하는 것은 외모지상주의 사회에 대한 반격의 시작입니다.

우리 함께 strike back!

생각해봅시다

1. 다음에서 웹툰 〈롱롱데이즈〉를 찾아 읽어봅시다. 혹시 주인공과 같은 과정을 겪고 있는 친구가 있다면 어떤 말을 건넬 수 있을까요?

2. 유튜브에서 〈This girl can〉을 찾아 감상해봅시다. 가장 인상적인 출연자는 누구였나요? 자신의 몸매가 남에게 어떻게 보일지 걱정과 관심이 높아지는 시기와 소녀들이 몸을 쓰는 운동을 그만두는 시기가 일치한다는 것은 어떤 의미일까요?

김민지

꽤 오랫동안 엄마의 핸드폰에 오빠는 '집안의 기둥'이라고 저장되어 있었다. 가부장사회에서 맏아들에게 흔히 거는 기대였을 것이다. 그런데 재밌게도 나는 '나라의 보배'라고 되어 있었다. 고작 집안 하나쯤을 책임지라 하기엔 딸이 너무 아까웠을까. 한때 엄마의 이런 기대가 조금 버겁기도 했지만 지금은 그 믿음이 나를 움직이는 힘이란 것을 알고 있다. 세상을 전복시킨다는 꿈을 이루기 위해 당장의 소소한 일상을 느릿느릿 바꿔나가는 운동을 하고 있다.

다이어트가 왜 뭐

Like a girl, 여자답게?

P&G위스퍼의 #LikeAGirl 캠페인 영상에서는 다양한 성별과 연령대의 모델들에게 '여자답게(like a girl) 달려봐, 공을 던져봐, 여자처럼 공을 차봐'라고 요구합니다. 그러면 신기하게도 어린 소녀들에게선 보이지 않던 모습이 성인 남녀 모델에게 나타납니다. 있는 힘껏 달리고, 공을 차고 던지던 어린 소녀들과는 달리 성인 여자와 남자 모델들은 모두 힘없이 양팔을 휘젓거나 머리카락을 만지며, 조금은 우스꽝스럽고 서투른 모습으로 달리는 모습을 흉내 내는 것입니다. 우리는 언제부터 '여자답게 달려라'란 말을 부정적이고 나약한 이미지, 우스꽝스럽게 달리고 힘없이 양팔을 흐느적거리는 이미지로 생각하게 된 걸까요?

우리는 미디어를 통해 날씬한 몸매를 가진 여성이 몸의 굴곡 전체가 드러나는 운동복을 입고 운동하는 모습을 흔히 봅니다. 땀을 흘리거나 격한 운동에 지쳐 있기보다는 뽀송뽀송

＊참고 영상: P&G 위스퍼의
#LikeAGirl 캠페인 영상

한 얼굴에 미소를 가득 띠고 있는 모습이 대부분입니다. 이렇게 우리 사회의 왜곡된 '여성성', 여성의 몸에 대한 규범이 미디어와 일상에서 강력하게 자리잡고 있는 한, 여학생들은 신체 활동의 즐거움을 느끼기보다 운동하는 자신의 모습을 끊임없이 타인의 시선으로 바라보며 움츠러들기 더 쉽습니다.

미디어와 사회의 획일적이고 폭력적인 외모 압박 속에서 여학생들이 조금이라도 더 빨리 신체 활동에 몰입하고 즐거움을 경험할 기회를 얻으려면 어떻게 해야 할까요? 마음껏 땀을 흘리고 달려나가며 성취감을 맛보는 것. 10대, 20대로 성장하면서도 다양한 몸의 경험을 피하거나 주춤하지 않고 즐길 수 있게 되는 것을 상상해봅시다. 이것이 바로 사회가 요구하는 '여자답게', '남자답게' 같은, 규범화된 성별 이분법의 경계 넘기가 가져올 변화가 아닐까요?

'소녀'를 팝니다

서영미

착한 여자는 천국에 가지만 나쁜 여자는 어디든 간다!

어렸을 때 즐겨보던 TV 외화 프로그램이 있었습니다. 그때는 몰랐지만 아마 그 프로그램의 주인공이 제 '인생캐'였던 것 같습니다. 성인이 된 뒤에도 많은 영향을 줄 만큼 기억에 오래 남았으니까요. 양 갈래로 대충 묶은 빨간 머리에 주근깨와 장난끼 가득한 얼굴, 커다란 구두에 짝짝이 양말을 신고 다니는 엉뚱함과 누구를 만나든 자신 있게 말하는 당당함이 매력적이었습니다. 무엇보다 아무 걱정 없이 뛰어 노는 자유분방함이 가장 마음에 들었죠. 너무나 인간적이고 자연스럽게 느껴졌달까요.

이 TV 드라마의 주인공 이름은 바로 '말괄량이 삐삐'입니다. 저는 운이 좋게도 어린 시절에 삐삐를 만나 동화 속에 나오는 착하고 예쁜 '공주'들만 세상에 존재하지 않는다는 사실을 알게 되었습니다. 완성형인 공주보다 진행형인 삐삐를 더 닮고 싶었고요. 그런데 주변 어른들은 내가 뛰어놀다 먼지를 뒤집어쓰고 돌아오면 '여자답지' 못하다_{얌전하게 다녀야지}고 꾸짖었고, 질문을 하거나 분명한 의사 표현을 할 때에도 역시 '여자답지' 못하다_{어디 여자애가!}며 타이르셨습니다. 때때로 아들이면 좋았겠다는 말을 들은 적도 있었죠. 어른들의 의견이 모두 옳다고 생각하지 않았지만 적어도 내가 선호하는 외모와 태도, 그리고 말하기 방식이 인정되지 않는다는 것쯤은 눈치챌 수 있었습니다. 덕분에 진짜 속마음을 드러내지 않는 기술을 익히게 되었습니다. 자라면서 어른들에게 배운 사회화는 주로 '내가 진짜 원하는 대로 말하거나 행동할 수 없다_{여자다워야 한다}'는 식의 단속이었으니까요. 그리고 그때마다 나를 괴롭힌 것은 '내가 이상한 건가?'라는 스스로를 향한 의심이었습니다. 어른들은 왜 여자답지 않은 나를 변화시키고 싶어 했을까요? 자신의 의견을 말하고, 원하는 대로 행동하는 당연한 일이 왜 누군가에게는 검열이 필요한 일이 됐을까요?

미디어는 어떻게 여성을 소비하는가

방송에는 말끔하고 바른 자세의, 주근깨도, 안경도, 흐트러진 머리카락 한 올 없는 늘씬한 몸매의 여성들이 가득합니다. 그런데 이런 완벽한 외모에도 불구하고 이야기를 이끌어가는 여자 주인공이 많지 않지요. 주로 주변화되거나, 대상화되고, 혹은 희화화되어 있습니다. 많은 사람들이 시청하는 예능 프로를 떠올려보면 이해가 쉬울 거예요. 남성들이 연령대와 상관없이 연대와 우정을 매개로 여행을 떠나거나^{1박 2일, 꽃보다 할배}, 끊임없이 도전하거나^{무한도전}, 토론하거나^{비정상회담}, 서로의 지식을 뽐내고^{뇌섹시대 문제적 남자, 알쓸신잡}, 육아^{슈퍼맨이 돌아왔다}, 취미 생활^{도시어부} 또는 요리 프로^{냉장고를 부탁해} 등을 통해 거의 모든 삶의 형태를 누리고 특정 캐릭터를 부여받으며 지위를 획득하는 동안 여성들은 주로 젊고 예쁜 여성들만이(환대받으며) 일회성 게스트로 나오거나, 홍일점으로 남성 출연자들 사이에서 분위기를 띄우거나, 허당인 매력을 뽐내며 우스꽝스러운 역할을 합니다. 많은 남성 출연자들 사이에서 튀지 않고, 성격 좋게 어울리는 역할에 한정적으로 머무르기 때문에 마치 이런 보조적인 역할에 충실한 여성 캐릭터들만이 살아남는 것처럼 보이기도 합니다.

실제 한 대중매체 모니터링 보고서^{한국양성평등교육진흥원(2018)}에 따르면 예능·오락 프로그램의 남성 주진행자가 여성보다 3배^{남성 73.5%, 여성 22.8%} 이상 많다고 합니다. 출연자의 성비 불균형은 남성의 시각으로 여성을 표현하는 한계를 가져오게 만들죠. 예능 프로뿐만 아니라 온라인으로 쉽게 즐길 수 있는 웹툰이나 게임에서도 모험과 전쟁을 통해 '레벨 업'을 하는 '남성 중심의 서사'가 주를 이룹니다. 그에 비해 여성들은 남자 주인공의 동료나 연애 대상으로 등장하며 '주변 인물'로 그려지는 경우가 대부분입니다. 심지어 내용과 상관없는 선정적인 신체 노출을 통해 성적으로 대상화되거나, 능력보다는 외모만으로 평가당하기도 하지요.

그럼 여성이 주인공으로 등장하는 예도 한번 살펴볼까요? 언어학자 카르멘 파우트와 캐런 아이젠하워²⁰¹⁶는 공주가 주인공으로 등장하는 디즈니 애니메이션을 분석해 여성 캐릭터보다 남성 캐릭터의 대사 분량이 훨씬 많다는 사실을 밝혔습니다. 〈알라딘〉과 같은 일부 작품에서는 대사량이 4배 가까이 많고, 엘사 열풍을 불러왔던 〈겨울왕국〉조차 남성 캐릭터의 대화 분량이 59%였다고 합니다. 여성 캐릭터의 대사가 적은 것의 원인을 여성 주인공들의 다양하지 않은 직업군으로 보며, 공주들에게 남편을 찾는 것 외에 다른 역할을 주어야 한다고 덧붙였습니다.

미디어의 영향력은 점점 커져가는데, 여성들은 수적, 질적으로 여전히 과소 재현representation되고 있습니다. 성별 고정관념을 조장하거나 남성 의존 성향을 강조하는 표현들이 오랫동안 무비판적으로 학습되면서 무/의식적으로 여성의 존재와 사회적 가치를 낮추어 보게 만들었습니다. (여성 혐오의 다른 이름이기도 하지요.) 외모뿐 아니라 성격 등 다양한 평가에 노출된 많은 여성들 스스로 자신의 고유의 말하기와 욕구 표현을 줄이고 사회가 요구하는 '여성성'을 자신의 욕망처럼 받아들이게 하는 데 영향을 미쳤습니다.

최근에는 이 한계를 극복하고 여성들이 주요 인물로 구성된 예능 프로그램밥블레스유, 뜨거운 사이다과 애니메이션엉뚱발랄 콩순이, 안녕 자두야, 웹툰 여중생A, 어쿠스틱 라이프, 유미의 세포 등이 등장해 인기를 얻었습니다. 유튜브에선 매일같이 새로운 여성 기획자들이 탄생하고 있고요. 여러 플랫폼을 통해 다양한 여성 창작자와 여성 서사의 콘텐츠를 만나는 일은 매우 반가운 일입니다. 연출과 편집이 중요한 만큼 제작자, 연출자, 출연자 등에서 여성이 많아지고 비중이 높아져야 기존의 남성 중심 환경을 변화시킬 수 있으니까요. 또 있는 그대로의 여성의 모습을 지속적으로 노출시키는 것만큼 '현실'과 '이상'의 격차를 줄이는 데 효과적인 건 없을 겁니다.

Break the girl-box

한국 사회에서 가장 많이 소비되는 여성성 중에 하나는 바로 '소녀다움'입니다. 현재 대중문화에 가장 큰 영향력을 미치고 있는 K-POP의 걸그룹이야말로 소녀다움이 집약된 아이콘이라고 할 수 있습니다. 10대들의 동경의 대상인 걸그룹은 여성에게 기대되는 사회적 요구를 가장 완벽하게 수행하고 있다고 해도 과언이 아닙니다. 어리고, 마르고, 예쁘고, 착하고, 적당히 성애화되어 있으나 순종적이며, 유아적인, 그래서 남성에게 위협이 되지 않는 존재. 우리는 이런 여성성이 가장 잘 팔리는 시대에 살고 있습니다.

아이돌 걸그룹이 대부분 10대이다 보니 이들의 '소녀다움'은 기존의 '여성다움'에 '미성숙함'이 강조된 형태로 그 규범이 더욱 강화되었습니다. 때문에 이 기형적인 '소녀다움'에 대한 노골적인 기대와 환상은 때로 여성 아이돌을 위험에 노출시키기도 합니다. 여성을 독립적인 인간으로 상상하지 못하는 몰인식과, 노래와 앨범이 아닌 걸그룹 자체를 소비하고 여성 아이돌의 발언권을 좌지우지할 수 있다고 믿는 몰상식의 콜라보라고 할 수 있겠죠. 레드벨벳의 아이린은 기존의 아이돌처럼 '애교'를 부리지 않는다는 이유로 악플 세례를 받았고, 에이핑크의 손나은은 단지 'Girls can do anything'이라고 적힌 휴대폰 케이스를 들고 있다는 이유만으로 SNS 테러를 당했습니다. 심지어 여자친구의 예린은 팬 사인회에서 불법촬영용 카메라가 달린 안경을 착용한 팬을 마주한 후 침착하게 안경을 벗게 한 뒤 애써 웃는 얼굴로 보내줍니다.

여성 아이돌들이 이런 위험에 노출되어 있던 해, 아이유는 신곡 <삐삐²⁰¹⁸>를 발표했습니다. 'Yellow CARD / 그 선 넘으면 정색이야 / beep / 매너는 여기까지 / It's mine / Please keep the line' 여성 아이돌을 향한 팬들의 도를 넘은 젠더 폭력이 넘치는 요즘 이 노랫말이 특히 인상적인 건 안전망 하나 없이 여성 아티스트를 성/상품화해왔던 엔터테인먼트 업계와 팬을 향한 경고처럼 느껴졌기 때문입니다. 그리고 오랫동안 여자 같지 않다는 차별적인 지적에 '이런 거 조금 그만합시다'라며 트위터를 남기기도 했던 f(x)의 엠버는 유튜브에 'Where is my chest?'라는 영상을 올려 화제가 되었습니다. 자신의 성별과 성정체성을 가지고 놀리던 편견 어린 시선의 사람들에게 수준 높은 한방을 날린 거죠.

가장 강도 높은 여성성을 요구받는 소녀들이 가장 적극적으로 해체를 시도하며 저항하고 있습니다. 사회가 요구하는 젠더 수행을 하지 않았을 때 돌아오는 공격을 무화시키는 가장 좋은 방법은 공격 자체가 무의미하다고 알려주는 것입니다. 그리고 어떤 방식의 폭력과 차별도 여성 개개인이 그 무게를 혼자 짊어지지 않도록 그들의 목소리에 귀 기울이는 일이 중요합니다. 여성 서사 콘텐츠의 적극적인 소비와 함께 젠더 차별을 가능하게 하는 환경이 더 이상 존재하지 않도록 바꿔 나가야 합니다.

의심 하지 마, 우리 존재!

미국의 디자이너 니콜레이 램은 여성들의 비현실적인 체형과 외모를 조장하는 바비인형을 비판하며 평범한 체형의 인형 래밀리[2014]를 제작했습니다. 바비인형과 거울 속 자신을 비교하며 실망하는 여성들에게 '진짜가 아름답다'는 메시지를 전하기 위해 미국 질병관리본부[CDC] 기준 19세 여성 표준 체형[32-31-33]으로 만들었다고 합니다. 몸에 꼭 맞는 드레스보다 평범한 청바지와 티셔츠를 입고 여드름이나 튼살 흉터의 스티커도 붙일 수 있습니다. 이렇게 현실적인 캐릭터들이 계속해서 등장하는 것은 매우 긍정적인 일입니다. 우리가 시도하려는 작은 실천들을 좀 더 생각하기 쉽게 가시화시켜 주니까요.

"아, 안 돼. 주근깨가 더 생겨야 하는데 저기는 햇빛이 잘 들지 않잖아.

나는 내 주근깨가 정말 매력적이라고 생각하거든."

삐삐의 자신감 넘치는 유쾌한 이 한 마디처럼, 스스로의 모습을 있는 그대로 아끼고 사랑하는 일이 모두에게 자연스러워지는 날이 빨리 오면 좋겠습니다. 획일적인 여성다움은 사회가 구성한 낡은 규범 중 하나라는 비판적인 사고를 통해서 말이죠. 수많은 사회의 기대와 타인의 욕망들 사이에서 나에게 맞는 옷을 찾을 때까지 다양한 실험과 협상의 시도를 멈추지 않기를 바랍니다. 내 삶을 존중하는 방식으로 탐험을 시작할 때, 비로소 가장 고유한 캐릭터가 탄생하게 될 테니까요. 앞으로 훨씬 더 다양한 캐릭터의 여자들이 세상에 등장하기를 기대합니다.

생각해봅시다

1. 미디어에 주로 재현되는 여성 주인공들의 특징을 떠올려봅시다. 어떤 공통점이 있나요? (나이/외모/성격/직업/역할/분량 등) 이런 여성 캐릭터들의 등장이 지속될 때 우리에게 어떤 영향을 미칠지 생각해봅시다.

2. 만약 내가 주인공이 된다면, 어떤 세상에서 살고 싶은가요? 그리고 그런 세상을 꿈꾸게 된 이유는 무엇인가요? 내가 원하는 것을 떠올리며 만든 세계에서는 매일 어떤 일이 펼쳐질지 시나리오로 한번 만들어봅시다.

서영미

세계 여행을 꿈꾸는 성인권정책전문관. 미디어에 숨어 있는 성차별을 발견한 뒤 페미니즘을 공부했다. '아하!'에서 성/문화 활동을 시작했으며 10대가 주체적으로 자신의 틀을 깨고 성장하는 일에 관심이 많다.

미디어가 왜 뭐

마르고 긴 몸만 보여주는 광고

2015년 프랑스 하원은 말라깽이 모델을 퇴출시키는 법안을 통과시켰습니다. 혹시 '이사벨 카로'라는 프랑스의 배우이자 모델의 이름을 들어봤나요? 열세 살부터 거식증을 앓아오던 그녀는, 2007년 9월 이탈리아 패션 브랜드인 놀리타의 옥외 광고에 '거식 금지(No anorexia)'란 표어와 함께 뼈만 남은 앙상한 몸으로 등장해 논란이 되었습니다. 당시 그녀의 몸무게는 31kg에 불과했습니다. 그녀는 사람들이 자신의 모습을 보고 건강 문제에 경각심을 느끼길 바라는 마음에서 광고에 출연했고, 2010년 11월 급성 호흡기 질환으로 치료받던 중 사망했습니다.

그녀뿐만이 아닙니다. 40kg의 아나 카롤리나 헤스통이란 모델 역시 거식증으로 숨졌습니다. 거식증으로 사망한 모델과 배우의 사례는 너무나도 많습니다. 이 때문에 지나치게 마른 모델을 보호하고, 청소년들이 미에 대한 잘못된 인식을 갖지 않도록 하기 위해 프랑스 하원이 구체적인 법안을 내놓게 된 것입니다. 법안 내용을 살펴보면 일정 체질량지수

(BMI)에 미달하는 모델은 패션쇼에 설 수 없고, 이를 위반할 시 6개월의 징역과 7만 5,000유로(약 9,700만 원)의 벌금이 부과됩니다. 각종 패션 잡지들이 디지털 보정 작업을 통해 모델을 지나치게 마르게 다듬는 것도 금지한다고 합니다.

어릴 때부터 비정상적이고 비현실적인 신체 이미지에 노출되면 자기 비하를 하고 자존감이 낮아지고 건강에도 부정적인 영향을 미칠 수밖에 없습니다. 미디어는 현실과 동떨어진 기준을 가지고 여성의 몸을 재단하고 '마르고 긴 몸이 돼야 한다'고 강요합니다. 마른 체형을 선호하고 이를 부추기는 사회의 분위기가 거식증 같은 심각한 섭식장애를 유발합니다.

패션 업계를 비롯한 미디어와 사회는 다양한 체형의 여성이 있다는 것을 받아들이고, 이러한 메시지를 끊임없이 전달해야 합니다.

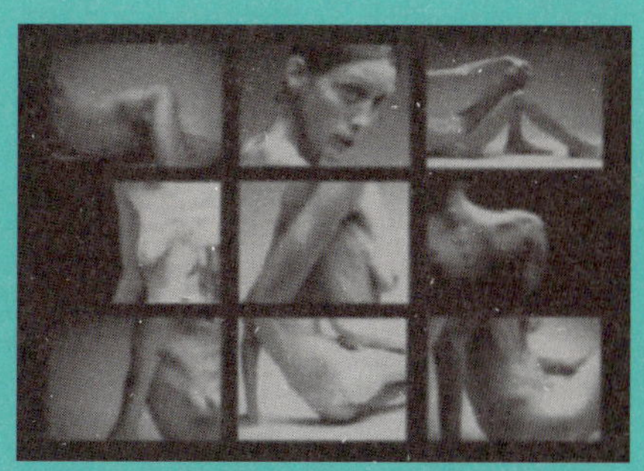

거식 금지 포스터를 찍은 프랑스 모델 이사벨 카로의 모습

월경을 월경이라 부르지도 못하고

박이은실

작은언니 새 파카에 묻혔던 내 월경혈

초등학교 5학년 때였습니다. 초경을 이미 치른 뒤였습니다. 다섯 살 터울이 나는 작은언니가 아르바이트를 해서 번 돈으로 모처럼 새 겨울 파카를 사 입고 들어왔습니다. 언니의 옷인데다 새 옷이라 꼭 입어보고 싶었습니다. 그러나 작은언니가 자기 새 옷을 입어볼 기회를 쉽사리 줄 리가 만무했습니다. 결국 나는 몰래 입어보기로 했습니다.

어느 날, 드디어 기회가 왔습니다. 나는 잔뜩 설레는 마음으로 새 파카를 입고 학교에 갔고 하루 종일 왠지 엄청난 멋쟁이가 된

듯한 기분으로 우쭐해져서 보냈습니다. 그런데 그날 나는 월경 중이었습니다. 언니 옷을 입고 나설 때는 그게 문제가 될 것이라고 생각하지 않았습니다. 그런데 집에 가기 전에 화장실에 들렀다 가기로 하면서 일이 생겼습니다.

그 시절, 대다수의 초등학교 화장실은 좁고 어두운 재래식 화장실이었습니다. 아직 생리대를 교체하는 데 익숙하지 않았던 어린 나는 부피가 상당한 파카를 입고 좁은 화장실에서 생리대를 교체하다가 그만 파카 지퍼가 있는 앞면 솔기 부분에 월경혈을 묻혀버렸습니다. 나는 작은언니에게 무척 미안한 동시에 언니가 알게 되면 크게 화를 낼 것이 분명하다는 생각이 들어 수돗물로 닦아내보려고 애썼습니다. 그러나 얼룩이 생겨 쉽게 없어지지 않았고 집에 도착하자마자 엄마에게 먼저 들켜 흠씬 혼이 났습니다. 혼날 걱정으로 마음이 천근만근이 되어 풀이 죽은 채 집으로 걸어가던 그 순간이 지금도 생생하게 떠오릅니다. 그러나 그때만 해도 내가 걱정을 했던 건 새 옷에 얼룩을 묻힌 것이었지 그것이 월경혈이었기 때문은 아니었습니다.

그러나 여성들에게는 첫 월경, 즉 초경 때 이미 갖가지 사회적 제약들을 다룬 교육이 시작됩니다. 예를 들어, '몸가짐을 잘해라,

너무 소리 내서 말하지 말아라, 청결해라' 등과 같이 말입니다. 최초의 정자 배출이 '남자다움이라는 세계에 첫발을 딛는 자랑스러운 경험'으로 사회화되는 것과 매우 대조적입니다.

사실 인류 역사에서 사정에 대한 금기는 없지만 월경에 대한 금기는 아주 오랫동안 존재해왔습니다. 그것은 월경 자체 때문이라기보다는 사람들이 어떤 것에 어떻게 의미를 부여할 것인가를 다뤄오는 과정에서 일어난 일입니다. 오늘날 대개의 사회들이 우리가 가부장제라고 부르는 사회문화적 질서를 통해 운영되어 왔습니다. 가부장제는 아버지인 남성들이 가정과 사회를 지배하는 사회 제도이기 때문에 이 제도 안에서 만들어진 많은 지식과 문화 양식들은 이 제도를 유지하고 강화하는 데 맞추어져 있습니다. 월경에 대한 생각과 금기도 가부장제 사회와 문화 안에서 만들어졌습니다. 그렇기 때문에 월경하는 사람들을 중심으로 하기보다는 월경하지 않는 사람들의 생각과 필요를 중심으로 구성이 된 경우가 대부분입니다. 그런 문화가 오랫동안 이어져오다보니 월경을 부르고, 월경을 설명하고, 월경을 생각하고, 월경하는 사람을 생각하는 모든 행동이 이것에 영향을 받았습니다.

생리대 광고의 금기어 '생리'

어딘가에 월경혈이 묻어서 낭패를 당한 경험은 월경하는 사람들이라면 누구나 하나쯤은 가지고 있을 것입니다. 월경 첫날에는 주로 속옷에 묻히게 되고 이따금 잠을 자다가 이불에 묻히기도 하며, 교복 치마나 바지 혹은 체육복 하의같이 옷에 흔적을 남기기도 하고 교실 의자나 버스, 지하철 의자에 묻히게 되기도 합니다.

월경혈이 더럽다고 생각해본 적이 있을 것입니다. 월경혈은 코피나 어디가 베어서 나는 피와 달리 배변을 하는 곳과 근접한 곳에서 나오는 피이고, 색도 탁하고 덩이져 있으며 냄새도 고약하기 때문에 '당연히 더럽지 않을까'라는 생각 말입니다. 그래서 월경혈이 흘러나와 옷이나 앉은 자리에 묻거나 하면 그곳이 더럽혀졌다는 생각을 하게 됩니다. 무엇인가를 더럽힐 수 있는 것이라면 그 자체가 당연히 더러운 것이라는 결론을 내본 적도 있을 것입니다.

이런 까닭에 월경을 하는 기간 동안 월경혈이 묻지 않도록 하기 위해 초긴장 상태에 돌입하게 됩니다. 집을 나서거나 바깥에서 화장실을 갈 때마다 옷매무새를 고치고 나오면서 거울로 뒤태를 확인하고는 합니다. 자리에 앉았다 일어날 때마다 앉은 자리를 확인하게 되고 조금만 수상한 느낌이 들어도 화장실로 가 어디 묻지는 않았는지 확인합니다. 하의에 월경혈이 묻었는지, 혹시 생리대를 착용한 상태가 티 나는지 안 나는지를 계속 확인하게 되는 것입니다.

일회용 생리대를 만들어 파는 기업들은 이 점을 광고에 잘 이용합니다. 광고는 일회용 생리대를 최대한 얇게 그럼에도 피를 최대한 흡수해서 월경혈이 본인에게조차도 보이거나 느껴지지 않도록 만들었다는 점을 강조합니다. 끊임없이 '깨끗함'을 강조해서 월경이 무슨 더러운 일처럼 느껴지게 만듭니다. 더러우니까 당연히 감추고 가려야 하는 일처럼 여기게 말입니다. 생리대 광고인데 생리라는 말이 전혀 나오지 않고, 광고에 등장하는 '깨끗한 이미지의 젊은 여성'은 월경을 하고 있다는 사실을 알리면 안 되는 것처럼 숨깁니다. 생리대 광고는 월경을 완벽하게 감추라고, 이 생리대를 쓰면 그럴 수 있다고 우리에게 속삭입니다. 월경혈을 보이지 않는 것이 좋다는 메시지의 광고를 반복적으로 보면서 이 메시지는 은연중에 우리 무의식에 재각인됩니다. 일종의 악순환입니다.

이런 상황 안에서 이제는 예전에 비해 얇게 만들어진 생리대여도 여전히 남들에게 보이지 않도록 각별한 노력을 기울여야 합니다. 가방 안에서, 핸드백 안에서, 서랍 안에서, 주머니 안에서 생리대를 꺼낼 때 주변에 있는 사람들이 보지 못하도록 손으로 잘 감싸 쥐고서 잽싸게 꺼내 주머니 안에 넣는다거나 화장품 등을 넣어 둔 파우치에 생리대를 넣어 파우치째로 들고 화장실에 가기도 합니다. 요즘은 드물어졌지만 그래도 여전히 생리대를 살 때면 내용물이 무엇인지 외부에 보이지 않도록 불투명한 검은 비닐봉지에 따로 담아 주는 곳들이 있습니다.

월경을 월경이라 부르지 않는 문화는 월경을 하고 있다는 사실을 남이 알게 되는 것은 편치 않은 일이라는 생각과 맥을 같이합니다. 그날, 마법, 매직, 생리, 반상회, 대자연, 멘스, 달거리…. 무엇을 가리키는 말인지 아실 겁니다. 월경이라는 정확한 말이 있는데 월경 대신 대체어를 사용하거나 아니면 심지어 비밀스럽게 몇몇 끼리만 아는 암호를 쓰고는 합니다.

공식적으로도 대개는 '생리'라는 말을 쓰기 때문에 월경이라는 말이 낯설어진 건 사실입니다. 그런데 우리가 요즘 월경보다 더 자주 사용하는 말 '생리'는 단지 월경만을 가리키는 말이 아닙니다. 우리 몸에서 일어나는 다양한 생리적 현상을 모두 일컫는 말입니다. 그러니 '생리'가 정확히 월경을 가리키는 이름이라고 할 수 없습니다.

일회용 생리대, 과연 괜찮은 걸까요?

현대 월경 인구의 절대다수가 일회용 생리대를 사용하고 있습니다. 19세기 말 서구 사회에서 상업용 생리대가 처음 나왔을 때 소비자들의 반응은 냉담했습니다. 그때까지는 집에서 쓰고 남는 헝겊으로 직접 만들어 써왔기 때문에 굳이 비싼 돈을 들여가며 사야 할 필요성을 느끼지 못했기 때문이었습니다.

그러나 1920년대에 킴벌리클라크에서 '가격이 저렴하고 편리하며 위생적이면서 안전하고 버리기도 쉬운' 일회용 생리대를 광고하기 시작하면서 일회용 생리대는 기존의 천 생리대를 빠른 속도로 대체했습니다. 한국에서도 1960년대 중반부터 일회용 생리대가 시판되기 시작했고, 현재는 그 종류를 다 셀 수 없을 만큼 다양한 브랜드와 종류가 판매되고 있습니다.

그런데 이렇게 절대다수가 사용하고 있는 일회용 생리대는 세 가지 문제점을 가지고 있습니다. 첫째, 가격입니다. 월경을 하게 되면 평생 약 650만 원 정도의 돈을 일회용 생리대 소비로 지출하게 됩니다. 또 일회용 생리대는 일상적으로 사용해야만 하는 물건임에도 공중화장실의 화장지처럼 무상으로 비치되어 있지 않고 가격도 저렴하지 않아 지출에 부담이 되기도 합니다. 이런 상황이기 때문에 생리대를 구입할 돈이 없어서 신발 깔창을 생리대 대신 사용했다는 안타까운 기사가 나오는 것도 무리가 아닙니다. 월경하는 사람들에게 생리대는 의식주처럼 꼭 필요한 존재입니다. 그렇기 때문에 국가가 공공의 이익을 위해서 생리대를 공중화장실에 화장지처럼 비치해주어야 한다는 생각도 가능한 것입니다.

둘째, 일회용 생리대로 인해 만들어지는 쓰레기의 양이 엄청납니다. 한국의 성인 인구 중 절반이 매달 일주일 정도 생리대를 사용하고 버린다는 사실을 감안하면 어림잡아도 만들어진 양의 쓰레기가 얼마나 될지 짐작할 수 있을 것입니다. 기후 재앙의 시대, 어느 때보다 생태를 생각하며 살아가야 하는 이 시기에 쓰레기를 많이 만들어내는 일에 일조할 것인지 우리 모두 생각해볼 필요가 있습니다.

셋째, 일회용 생리대에 사용되는 여러 가지 화학 물질은 건강에 해롭습니다. 흡수력을 높이기 위해 사용되는 고분자 흡수체, 생리대를 새하얗게 보이게 만들기 위해 사용하는 형광 증백제, 표백 과정에서 발생하는 다이옥신 등은 생리통, 자궁건조증, 피부병 같은 다양한 문제를 일으킨다는 보고가 있습니다. 그리고 삽입해서 사용하는 탐폰은 몸속에 있는 포도상구균의 증식에 영향을 주는데, 이때 이 균이 방출하는 독소로 말미암아 쇼크를 일으킬 수도 있습니다. 그러나 월경하는 인구수가 엄청남에도 불구하고 이런 문제들을 생리대 제조사는 물론 다른 곳에서도 잘 이야기하지 않습니다.

이런 여러 가지 문제로 인해 이미 상당수의 사람들은 '대안 생리대'를 사용하기 시작했습니다. 예전에 사용되었던 소창, 즉 면으로 된 넓고 얇은 천으로 만든 개짐은 현대인의 의복 생활에는 적절하지 않지만 이를 대신해 더 작고 견고하게 만들어진 천 생리대가 나왔습니다. 천 생리대는 인터넷에도 만드는 방법이 나와 있어 자투리천을 이용해 직접 만들어 쓸 수도 있습니다. 시중에서 판매되고 있는 제품을 구입해 쓸 수도 있습니다. 사용한 후의 세척도 크게 번거롭지는 않습니다. 맑은 물을 담은 대야에 사용한 생리대를 넣어 밤새 핏물을 뺀 후 핏물은 변기에 버리고 한두 번 물에 헹굽니다. 그런 다음 생리대에 빨랫비누를 치대서 이틀 밤 정도 재운 후 삭삭 비벼 빨면 핏물 얼룩이 쉽게 빠집니다. 마지막으로 헹군 물에 베이킹 소다를 풀어 이틀 정도 재운 뒤 헹궈 말리면 남은 얼룩도 없어지고 보송보송하게 착용감 있는 천 생리대로 다시 태어나게 됩니다. 이 밖에도 천연 재료로 만든 해면, 고무나무에서

추출한 원료로 만든 키퍼keeper, 실리콘으로 만든 생리컵 등의 대안 생리대도 있습니다.

월경하는 사람들

월경하는 사람들은 일상의 시설이나 제도가 월경을 하지 않는 사람들을 중심으로 만들어져 있다는 사실을 자주 발견하게 됩니다. 월경을 하는 사람이 아니라 하지 않는 사람이 기준이자 표준이 되어 있는 것입니다. 월경을 하는 사람과 월경을 하지 않는 사람이 서로 절반씩 세상을 구성하고 있다면, 왜 월경을 하지 않는 사람이 월경을 하는 사람의 일을 결정할 권한을 독점할까요? 글로리아 스타이넘[1995]이라는 저명한 페미니스트 저널리스트의 말이 그 대답이 아닐까요?

"남자가 월경을 한다면? 그것은 틀림없이 부럽고도 자랑할 만한, 남성적인 일이 될 것이다. 남자들은 자기가 얼마나 오래, 많이 월경하는지 자랑삼아 떠들어댈 것이다. 의회는 국립월경불순연구기금을 조성하고 의사들은 심장마비보다 생리통을 더 많이 연구할 것이며, 생리대는 연방 정부가 무료로 나눠줄 것이다."

1. 월경(또는 달거리)이라는 정확한 이름이 있는데 왜 우리는 월경을 월경이라고 부르지 않고 대체어를 사용하거나 아니면 심지어 비밀스럽게 몇몇끼리만 아는 암호를 쓸까요?

2. 생리휴가, 생리공결제는 왜 필요할까요?

3. 기후 재앙의 시대, 한 번 쓰고 버리는 일회용 생리대를 사용하는 것은 이대로 괜찮을까요?

박이은실

여성학자이자 기본소득 연구자. 대표 저서로는 『월경의 정치학』이 있으며 그 외에도 『그럼에도, 페미니즘』, 『페미니즘의 개념들』, 『소수자들의 삶과 문학』, 『다락방 이야기』, 『성노동』 등이 있다. 월경은 절대 부끄러운 것이 아니라고 외치며 월경에 대한 인식 변화를 이끌고 있다.

월경이 왜 뭐

소녀, 달리다

'소녀, 달리다'는 초등학교 3학년부터 6학년 여학생들과 함께 달리기 수업을 진행하는 사회 공헌 프로그램(현대해상·와이즈웰니스)입니다. 이 프로그램은 수업 시간 전이나 방과 후 1시간씩 아이들이 좋아하는 놀이를 활용한 달리기 수업을 합니다. 그리고 매년 4.2195km(마라톤의 1/10 수준) 달리기 축제를 열어 프로그램에 참여한 여학생들이 성취감을 얻을 수 있는 자리도 마련합니다.

성장기 시기 체육 활동은 신체 발달과 사회성 향상에 도움이 됩니다. 하지만 문화체육관광부의 '2010년 국민생활체육 참여 실태조사'에 따르면 10대 여학생 67.8%가 신체 활동을 거의 하지 않는다고 응답했습니다. 같은 응답을 한 남학생은 37.7% 정도로 두 배 가까운 차이인데, 과연 왜 그럴까요? 여학생은 왜 체육 활동에서 멀어지게 된 걸까요? 혹시 여학생들이 체육을 싫어하는 건 어쩔 수 없다고, 월경 중이거나 남학생보다 체력이 약해 그럴 수밖에 없다고 무심코 생각하고 있던 건 아닐까요?

이러한 편견에서 벗어나 여학생 스스로 신체 활동의 즐거움을 깨달으려면, 우선 운동 자체에 몰두해볼 경험이 필요합니다. '소녀, 달리다' 프로젝트뿐만 아니라, 초등학교 여학생에게 다양한 신체 활동을 즐길 수 있는 더 많은 프로그램들이 필요한 이유입니다.

용모 단정女
구합니다

이가현

알바천국 코리아

'카페에서 일할까? 놀이공원이나 영화관에 지원해볼까?' 고민하며 알바몬, 알바천국 사이트에 접속했습니다. 일자리를 구하려면 무슨 능력이 중요할까요? 성실함? 체력? 고객 응대 능력? 제 핸드폰에 보이는 모집 공고의 제목은 이겁니다. "용모 단정한 알바 구합니다."

대체 무엇이 용모 단정한 건지 모르겠지만 일단 지원했습니다. 하나로 질끈 묶어 머리를 단정하게 하고, 여자는 안경을 벗어야 이쁘다고 하니 안경도 벗고 렌즈를 꼈습니다. 피부 화장도 결점 없게 그러나 자연스럽게, 입술은 촉촉한 붉은색 틴트로 칠하고,

단정한 길이의 치마도 입었습니다.

　주변 사람들이 조언해준 결과입니다. 면접 과정부터 외모 품평 당하고 채용에 탈락하는 경우가 많습니다. 이유도 가지각색입니다. 어떤 사람은 목소리가 친절하지 않다고, 어떤 사람은 안경 썼다고, 어떤 사람은 앞머리 깐 얼굴이 아쉽다고 탈락했습니다.

　다행히도 일을 시작했습니다. 그러나 채용된 이후에도 고통은 여전합니다. 사람들은 알바 노동자의 외모를 너무나 쉽게 평가합니다. '어디의 누가 이쁘더라', '쟤는 성격은 좋은데 외모가 저래서 카운터에 세우기에는 아쉽지', '너무 이쁘셔서 계속 지켜봤어요. 퇴근 언제 하세요?' 사장님도, 손님도, 동료 직원도 내 외모에 대해 이야기하고 성희롱합니다.

　아르바이트노동조합에서 2017년에 495명의 여성 아르바이트 노동자를 대상으로 실태 조사를 했습니다. 일하면서 외모 품평을 당한 여성 아르바이트 노동자는 얼마나 될까요? 절반 정도? 왠지 많을 것 같으니 80%? 결과는 예상을 뛰어넘었습니다. 무려 98%의 여성 아르바이트 노동자가 외모 품평을 겪은 적이 있다고 답했습니다. 이제는 내가 일하러 회사에 출근하는 건지, 외모 품평 당하러 출근하는 건지 헷갈릴 지경입니다.

외모 품평은 꾸미기 노동으로 이어집니다. 외모 품평과 꾸미기 노동 사이에서 여성 아르바이트 노동자들은 아슬아슬한 줄타기를 합니다. 국내의 모 백화점 교육 내용입니다. "우리도 우리 민낯을 거울로 보면 좀 그렇잖아요? 고객 분들도 부담스러울 수 있으니 화장하고 출근하시길 바랍니다." 고객을 위해 여성 아르바이트 노동자는 출근도 전에 이쁘면서 자연스러운 화장을 하고, 자신의 돈을 들여 스타킹과 구두를 사고, 아픈 다리를 무시하며 일해야 합니다. 결막염에 걸려도 렌즈를 껴야 하고, 립스틱이 지워질까 틈틈이 신경도 써야 합니다.

하루만 민낯으로 출근해도, 그날은 온종일 용모를 지적받을 것입니다. "피부가 푸석푸석하고 아파 보인다. 왜 화장을 안 했냐", "어제 집에 안 들어갔냐? 옷이 왜 그대로냐" 등의 잔소리가 끊임없이 이어지겠죠.

안경 썼다고 매니저에게 혼나는 내 옆으로 지나가는 '안경 쓴' 남성 아르바이트 노동자. 주머니가 없어 생리대도 챙기지 못하고 짐을 꺼내러 사다리를 올라가면 신경 쓰이는 치마 유니폼. 원하지 않아도 매일 꼬박꼬박 해야 하는 화장. 부당하게 느껴집니다. 힘들고 지칩니다. 다른 일을 하면 나을까? 스스로도 아닐 거라 생각하면서도, 미약한 희망을 품고, 일을 그만두고 다른 일자리를 알아봅니다. 결과는요? 용모 단정한 면접부터 다시 시작입니다.

순하고 이쁜 꽃이 필요하다고요?

사람들은 '영화관의 꽃', '비행기의 꽃', '놀이공원의 꽃', '사무실의 꽃'이라는 칭찬 아닌 칭찬을 합니다. 과일이 있길래 과일을 썰었더니 '역시 여자가 있어서 이런 게 좋네' 소리를 하고, '여자 없는 회식 자리는 삭막해서 무슨 재미로 가냐. 너도 꼭 와야 해'라는 말을 합니다.

그렇다면, 꽃으로 여겨지는 여성들은 칭찬받아서 기분이 좋을까요? 꽃이 되기 위한 꾸미기 노동은 업무 성과로 이어지지 않고 심지어 방해되기도 합니다. 제가 맥도날드에서 일했을 때의 이야기입니다. 새벽 늦게까지 일하는 날이면 술 취한 아저씨들이 그렇게 시비를 걸었습니다. 술에 취해 햄버거를 저에게 던지는 아저씨도 있었습니다.

남성 아르바이트 노동자들도 똑같은 일들을 겪을까요? 순해 보이는 표정과 친절한 말투로 이야기하는 키 작은 어린 여자아이이어서 더 쉽게 무시하지 않았을까요? 앞서 아르바이트노동조합의 설문 조사에서 절반에 달하는 여성이 남성에 비해 진상 손님 통제가 어렵다고 답했습니다.

꾸미기 노동을 수행한다고 끝이 아닙니다. 꾸미기 노동을 너무 잘 수행해도 안 됩니다. 너무 잘 꾸미면 '일하러 온 게 아니라 남자 만나러 왔다'는 이야기를 듣기도 하고, '진한 화장은 고객이 부담스러워서 한다'는 이야기를 듣기도 합니다. 이쁘지만 자연스러워야 합니다.

회사의 요구 사항에 맞는 꾸미기 노동을 잘 수행해도 시간의 흐름은 거스를 수 없습니다. 나이가 들어 아름다움을 잃으면 고용되지 않을까 봐, 회사에서 잘릴까 봐 늘 불안합니다. 서비스 업종의 아르바이트 일자리는 사회적으로 이쁘다고 말하는 나이대의 여성을 선호합니다. 어린 여성은 일 시키기도 편합니다. 정확히는 무시하기 편한 것이겠지요. 그래서 이러한 일자리는 오래 일하기 어렵습니다. 나이가 들면 주방으로, 안 보이는 곳으로 일자리를 옮깁니다.

그러나 우리는 일터의 꽃이 아닙니다. 그저 이쁘기만 하면 되는 그런 존재가 아니라 각자의 다양한 능력과 잠재력을 가지고 있는 사람들입니다. 아름다운 얼굴이나 몸매로 고객을 기쁘게 하는 일은 우리의 업무가 아닙니다.

이상한 건 이상하다고 말하기

일찍 일어나 내 돈 들여 산 화장품으로 화장을 해야만 출근할 수 있는 것, 이상하지 않나요? 나를 둘러싼 모든 사람이 내 외모를 함부로 이야기하고, 외모에 자신이 없으면 아르바이트 지원도 하지 말라고 눈치 주는 상황은 생각만 해도 갑갑합니다. 돈을 벌어야 하기에 어쩔 수 없이 꾸밈 노동을 해야 하는 이 상황에서 어떻게 하면 벗어날 수 있을까요?

이뻐야만 하는 아르바이트 시장을 바꾸려는 시도들이 있습니다. 한 생과일주스점에서 이런 공고가 올라온 적이 있습니다. '외모에 자신 있으신 분만 연락주세요. 다른 일 안 하시고 계산만 해주시면 됩니다.' 외모를 보고 뽑겠다고 아예 대놓고 적어둔 것입니다.

사람들은 이 공고에 의문을 가졌습니다. 계산하는 일에 외모가 왜 필요한가요? 계산하는 일은 계산 잘하는 사람이 제일 적합하지 않나요? 그래서 함께 모여 항의를 했습니다. '얼굴로 주스 만드냐?', '이 매장은 과일보다 종업원의 얼굴을 중시하는 곳입니다'라고 적힌 피켓을 들었습니다.

결과는요? 사장과 본사가 외모 차별 공고에 대해 사과를 했고, 재발 방지를 위한 교육을 약속했습니다. 매장의 '꽃'이 아니라 매장에서 일하는 '사람'이 되고자 행동했습니다.

영화관의 '인형'이 아니라 '사람'이 되고자 행동했던 사람들도 있습니다.

이마가 보이도록 넘긴 뒤 실핀으로 깔끔하게 고정한 앞머리
옅은 눈 화장과 생기 있는 피부 화장, 또렷한 눈썹 형태가 드러나는 아이라인
붉은색 립스틱을 바른 윤기 나는 입술
무릎 위 5cm 길이의 치마
커피색 스타킹과 2~3cm 굽 높이의 무늬 없는 검은색 구두

'참 신체 부위별로 자세하게도 설명했구나' 싶은 이 내용은 인형에 대한 묘사가 아닙니다. 한 영화관이 여성 아르바이트 노동자에게 요구했던 용모 규정의 일부입니다. 얼굴로 표 파는 것도 아니고 입술로 팝콘 튀기는 것도 아닌데 뭐가 이리도 복잡한지.

영화관 교육 담당자의 설명은 이렇습니다. "어두운 영화관에서 빨간 립스틱은 시선을 집중시킨다. 빨간 립스틱을 발랐을 때 호

감도가 높아졌다는 통계도 있다." 아니, 그런 논리라면 왜 여성 아르바이트 노동자에게만 규정을 강요하나요? 내가 영화 보러 왔지 아르바이트 노동자 얼굴 보러 영화관에 왔나요? 립스틱이 이 영화관의 중요한 경쟁력 요소인가요?

사람들은 영화관 아르바이트 노동자를 대상으로 꾸밈 노동 강요에 대해 실태 조사도 하고, 영화관 앞에서 기자 회견도 했습니다. 영화관의 꾸밈 노동을 알린 결과로 지금도 영화관에서 일하고 있는 사람들은 이렇게 이야기합니다. 문제 제기 이후에 유니폼 규정도 바뀌고, 운동화도 신을 수 있게 됐다고요. 이상한 것을 이상하다고 이야기함으로써 일터는 조금씩 바뀝니다.

편의점에서 일하는 아르바이트 노동자에게 외모는 중요하지 않습니다. 외모에 자신 없어도 됩니다. 고객한테 최고의 편의점 아르바이트 노동자는 고객에게 물품의 위치를 잘 찾아주고 거스름돈을 틀리지 않게 계산해주는 사람입니다. 영화관에서 일하는 아르바이트 노동자 역시 미소가 이쁘지 않아도 됩니다. 팝콘을 골고루 잘 튀겨주고, 영화관 위치를 잘 알려주는 아르바이트 노동자가 저에겐 최고의 영화관 아르바이트 노동자입니다.

결국은 설치고, 말하고, 생각하고, 멈추지 않는 여성들이 세상을 바꿀 것입니다. 이상한 걸 이상하다고 말하는 것, 혼자라면 어렵고 무섭겠지만 함께라면 할 수 있습니다. 언젠가 일터에서 아르바이트 노동자들이 동시에 화장 파업을 하는 날을 상상해봅니다.

생각해봅시다

1. '알바 노동자의 외모도 매장의 경쟁력이다'라는 말에 어떻게 반박할 수 있을까요?

2. 내가 꿈꾸는 일터를 자유롭게 상상해볼까요?
   예 | 민낯으로 고객을 대한다.

3. 나아가 '친절'에 대해 생각해봅시다. 제가 일했던 맥도날드에서는 "여러분의 미소는 모든 제품의 구매 가격에 포함되어 있습니다"라고 교육했습니다. 아르바이트 노동자의 외모와 더불어 친절도 매장 서비스 평가의 한 요소가 되었습니다. 아르바이트 노동자의 친절이 꼭 필요한 요소일지 고민해봅시다.

이가현
여러 프랜차이즈 아르바이트 경험을 통해 '일터에서 여성이 겪는 문제'에 대해 몸과 마음으로 깨달았다. 이후 아르바이트노동조합 위원장을 하며 '외모? 왜뭐!' 캠페인에 참여했다.

외모 왜 뭐
꾸밈 노동이 왜 뭐

꾸밈 노동이
왜 뭐

외모로 일하나요?

"외모에 자신 있는 분만 연락주세요, 키 000cm, 몸무게 00kg…."

2016년 논란이 된 과일주스 체인점 여성 아르바이트 노동자 채용 공고입니다. 설마 아직도 이런 일이 일어나느냐고요? 2018년 3월, 인크루트에서 여성 구직자 593명을 대상으로 한 설문 조사에 따르면, 여성 구직자의 72%가 '여자'라서 구직 시 불이익을 경험한 적이 있다고 합니다. 하지만 외모 조건을 명시한 채용은 '남녀고용평등법' 위반 행위입니다.

한국가스안전공사, KB국민은행, KEB하나은행, 신한은행, 신한카드…. 모두 금융감독원 조사를 통해 채용 성차별 문제가 밝혀진 기업인데요. 채용 공고나 면접 과정 중에도 '여자'라는 이유로 외모나 결혼, 출산 계획에 대한 질문들이 상당했습니다. 일부 항공사는 승무원 채용 이력서에 키와 몸무게를 쓰고 동영상 자기소개서도 제출해야 해서 비판을 받았습니다.

2018년 3월 블룸버그 통신에 따르면, 글로벌 회계 컨설팅 업체인 프라이스워터하우스쿠퍼스(PwC)는 OECD 회원국의 남녀 간 평균 임금 격차를 조사한 결과 한국이 37%로 가장 크다고 밝혔습니다. 이는 OECD 회원국 평균인 16%의 2배가 넘는 것인데요. 여성 임금은 남성의 63%에 불과하고, 성별 간 임금 격차 37%를 8시간 노동으로 계산하면 여성은 약 오후 3시부터 무급으로 일하게 되는 셈입니다. 남성과 여성이 가장 동등한 임금을 받는 나라로 꼽힌 룩셈부르크의 성별 임금 격차는 4%에 불과했습니다. 성별 임금 격차가 OECD 가입국 중 1위인 한국. 그리고 여성 노동자에게 더 가혹한 노동 시장 외모 차별까지! 한국여성민우회는 몇몇 기업, 단체, 공공 기관 등과 함께 '사진 없는 이력서' 사용 협약을 맺기도 했습니다. 성별과 상관없이, 그 사람이 가진 경험과 능력을 중심에 두고 채용하는 문화가 자리 잡아야 하기 때문입니다. '사진 없는 이력서' 사용을 끊임없이 요구하고, 채용 면접 시 성차별 질문을 하는 기업을 모아서 항의 공문을 보내는 온라인 캠페인 등 우리가 해볼 수 있는 액션 역시 다양합니다. 느리지만 조금씩, 변화하고 있습니다. 우리의 행동을 시작으로 일터와 사회의 외모 차별 문화를 개선합시다. 변화는 지금도 진행 중입니다.

문제가
사이즈일까요?

경진주

6년 동안 매일 갑갑한 옷에 갇혀 지내야 한다면?

'불편한 교복 대신 생활복, 체육복으로 대체해주세요.'

'여학생 교복 사이즈를 활동하기 편하게 바꿔주세요.'

'여학생 교복 디자인을 법적 규제해주세요.'

'교복 규제, 완화하거나 없애주세요.'

청와대 국민청원에 올라온 수십 개의 '여학생 교복' 관련 청원 중 일부입니다. 교복을 성별에 따라 나누지 말고, 여학생도 반바지를 입게 해달라는 청원 내용도 찾아볼 수 있는데요. 청원 내용을 읽으면 읽을수록 공감 가는 내용이 가득합니다. 돌이켜 생각해보면, 중학생이 되면서 ‘교복’을 입는다는 설렘은 잠깐, 그 후로는 움직임에 제약이 많고 꽉 끼는 옷을 입은 채로 하루 종일 교실에 앉아 시간을 보내야 했습니다.

초등학생 때 입던 옷과 달리, 성별 구분을 명확하게 하느라 여자는 치마, 남자는 바지 교복을 기본으로 하죠. 게다가 여자 교복은 ‘S라인’, ‘슬림핏’, ‘라인핏’ 같은 이름이 붙고 몸에 딱 달라붙게 만들어집니다. 이렇게 만들어진 교복을 입고 버스 손잡이를 잡기 위해 팔을 들면 옆구리 살이 보일까봐 노심초사. 꽉 끼는 옷을 입은 채로 책상에 앉아 있느라 늘 소화불량에 시달립니다. 내 몸에 맞는 옷을 입고 맘껏 몸을 움직이며 느끼는 편안함과 자유로움이라는 너무나도 당연한 그 일상의 감각을 잃어버린 채, 교실 안 모두가 정형화된 ‘여자 교복’ 이미지 속에 제각각의 몸을 구겨 넣으며 6년의 시간을 보냅니다.

문제는 ‘여학생 교복’만이 아니다

유독 작고 불편하게 만들어지는 여성의 옷. 교복뿐이 아닙니다. 블라우스와 치마처럼 흔히 말하는 ‘여성스러운’ 의복의 경우 사이즈가 더욱 한정적이고 작은 사이즈만 판매되는 경향을 보였습니다. 여성환경연대가 2017년 7월 실시한 의류 브랜드 사이즈 실태 조사 결과에 따르면, 치마의 경우 XL 이상 사이즈를 갖춘 경우가 26개 조사 대상 브랜드 중 단 2개뿐이었고, 실제 사이즈 안내에 표시된 프리사이즈 치수를 조사해보니 대부분 S와 M, 55-66 사이즈에 해당되었습니다. 또한, 여성 기성복 브랜드의 30% 정도만이 XL 이상 사이즈를 판매하고 있었습니다. XS 이하 사이즈를 갖춘 브랜드도 평균 25%밖에 되지 않았고요. 이는 S·M·L 외의 사이즈를 의류 매장에서 쉽게 구할 수 없음을 보여줍니다.

이런 기준이 당연하게 존재하는 현실에서 우리는 S·M 사이즈에 맞는 체형을 '정상'으로 간주해버리게 됩니다. 선택할 수 있는 옷 사이즈 폭도 굉장히 좁기 때문에 오히려 기성복에 맞는 몸 상태를 갖춰야 한다는 압박을 받는 경우가 많습니다. 불편한 '여학생 교복' 문제와 굉장히 닮아 있지 않나요? 하지만 과연 S·M 사이즈만이 '표준'이고 '정상'일까요?

'애플힙'이나 '꿀벅지' 같은 말이 미디어 속에서 광고나 연예인의 대화로 끊임없이 되새겨집니다. 이렇듯 미디어에서 쏟아지는 여성의 몸 이미지는 부위별로 세분화되어 결코 다다를 수 없는 외모 기준을 제시하고 강화합니다. 그만큼 획일화된 몸의 기준이 우리 일상에 만연하고요. 이뿐만이 아닙니다. 특정 신체 이미지에 '여성성', '남성성' 같은 성별 역할과 고정 관념이 엮여 사회가 '몸'에 대해 깔고 있는 전제는 '여자는 …해야/여야 해!' 같은 행동 규범으로까지 확장됩니다.

보이지 않는 문제

"여자애가 손, 발이 왜 이렇게 커?"
"여자답지 않게 왜 이렇게 칠칠맞니?"
"살 빼면 예쁘겠다."
"옷 좀 여성스럽게 입어 봐."
"여자가 조신하지 못하게!"

2016년 10대 소녀들과 함께 한 '몸긍정 캠프'에서 '여자라는 이유로 무언가를 하지 말라/해야 한다는 이야기를 들어본 적 있나요?'라는 질문을 던졌는데요. 위의 말들은 당시 캠프에 참가한 청소년들에게 들었던 말입니다. 10대와 마주하는 부모, 교사 같은 양육자가 이미 '손, 발이 큰 것'은 '남성성'의 영역에, '소극적이고 수용적 태도'는 '여성성'의 영역에 들어간다고 생각하고 있었기에 저런 말을 던질 수 있던 게 아닐까요? '여성성'을 상징하는 신체 이미지와 행동 규범 반대편에는 '남성성'을 상징하는 신체 이미지와 행동 규범이 존재하고 이는 우리의 삶을 또 다른 방식으로 통제합니다. 이러한 이분법적 구분 속에서 우리는 다양한 몸의 스펙트럼을 인지하기보다는 한쪽 끝으로 치우친, 혹은 애초에 불가능해 보이는 '예쁜 몸과 여자다운 행동 규범'을 먼저 내면화하기 쉽습니다. 이러한 상황에서 다양한 몸을 드러낸다는 것은 우리에게 충분한 질문거리와 화두가 됩니다.

사회에서 끊임없이 확대 재생산하는 획일화된 미적 기준, 한정된 몸 이미지와 행동 양식은 몸에 대한 불만족과 불편한 감정을 야기하면서, 그것이 마치 개인적인 취향이나 선호의 문제인 것처럼 느껴지게끔 합니다. 때때로 어떠한 문제의식도 느끼지 못할 만큼 '여자답다', '아름답다'고 여겨지는 여성의 신체 이미지와 행동 규범을 우리 스스로 체화해버렸단 생각마저 들 정도입니다. 날씬하고 자기 관리도 잘하는 건강한 몸, (성적) 매력을 발산하는 아름다운 몸, 아이를 출산해야 할 몸 등 자본주의 사회에서 여성의 몸이 다뤄지는 방식은 극히 한정적입니다. 그 외의 모습은 잘 드러나지 않기에, 그러한 몸 기준에 다다르지 못한 사람의 박탈감이나 우울함 역시 개인적으로 해소해야 할 '개인의 문제'가 되어버립니다. 하지만 이것이 온전히 개인의 문제일까요?

100개의 몸에는 100개의 삶이 있다

너무나도 당연한 이야기 같지만, '100개의 몸에는 100개의 삶이 있습니다'. 다양한 몸이 있다는 것. 사람마다 건강한 상태, 스스로 매력적이라고 느끼는 부분과 즐거운 기분이 드는 상태가 각자 다르다는 것. 그래서 그만큼 다양한 삶과 인생이 있다는 걸 이해하고 경험할 계기가 필요합니다. 그런데 이해하고 각자의 다양한 삶과 인생이 있다는 것을 받아들이는 게 왜 이렇게 어려운 일이 되었을까요?

우선, 다양한 체형의 여성이 '정상' 사이즈의 압박에서 벗어나 자신의 몸에 맞는 옷을 쉽게 구입할 수 없는 게 현실입니다. 의류 구입뿐만이 아닙니다. 일상에서 가해지는 몸매 압박과 외모 품평으로 자기 몸에 대한 불만족과 혐오를 쉽게 마주할 수 있습니다. '표준', '정상'을 향한 환상은 '자기 관리'라는 명목 하에 외모 품평과 차별을 일상화하기 때문입니다. 오랜만에 인사를 나누며 빼놓을 수 없는 의식을 치르듯 외모 품평을 하고, 일상의 수많은 대화가 '외모', '몸매'를 주제로 이루어집니다. 수많은 여성들이 무리한 다이어트로 건강을 해치는 일, 거식증과 폭식증 문제도 심각하고요.

심리학자 러네이 엥겔른에 따르면 소녀들은 아주 어렸을 때부터 이상적인 몸에 대해 생각하기 시작하고, 5세 여자아이 중 34%가 '가끔은' 의도적으로 음식을 적게 먹는다고 합니다. 이 중 28%가 자신의 몸이 TV나 영화에 나오는 여자들 같았으면 좋겠다고 말합니다. 아주 어릴 때부터 자신의 몸보다는 미디어에 나오는 이상적인 몸을 먼저 받아들여, 스스로의 몸을 바꿔내고 싶다는 욕구를 갖게 되는 것입니다. 분명 다양한 몸이 존재하지만, '이상적인 몸', '아름다운 몸', '건강한 몸' 같은 우리가 선망하게끔 만드는 몸의 이미지는 동일한 모양새를 띱니다.

『무엇이 아름다움을 강요하는가』의 저자 나오미 울프는 자신의 책이 출간된 이후 전 세계 수많은 여성에게 편지를 받았다고 합니다. 젊은 여성이나 늙은 여성 모두 나이 드는 것에 대한 두려움을 이야기하고, 호리호리한 여성이나 몸무게가 나가는 여성이나 모두 날씬한 몸 사이즈를 요구하는 조건에 맞추려다 고생한 이야기를 들려줍니다. 흑인이나 황인, 백인 모두 처음 의식적으로 생각할 수 있을 때부터 이상형은 금발에 키가 크고 날씬하며 하얗고, 얼굴에 구멍이나 비대칭, 흠이 없는 완전히 '완벽한' 사람이었습니다. 이는 '패션 모델'처럼 생긴 사람도 마찬가지였습니다.

몸의 한정된 이미지는 때때로 개인이 느낄 감정과 상태까지 왜곡하게 만듭니다.

우리는 '몸'뿐만 아니라 나이든 상태, 행복과 불행 같은 감정까지 포괄한 몸 이미지를 너무나도 많이 접합니다. 이러한 도식에서는 마를수록 행복한 것도 아닙니다. 적당한 '건강미'와 근력, 활기찬 에너지 등 끊임없이 무언가가 덧붙여집니다. 여성이 무엇을 말하고, 무엇이 될 수 있는지와는 상관없이 여성의 외모에만 초점을 맞추는 문화에서 여성의 다양한 몸과 삶을 상상하기란 너무나도 힘든 일입니다. 우리 사회는 일관된 기준으로 대상화된 '날씬한 몸'을 여성 대다수가 선망하게 만듭니다. 하지만 여성 공통의 사회적 경험에도 불구하고 이러한 문제는 쉽게 개인이 추구하게 되는 '아름다움'이나 '몸'에 관한 심리 상태, 건강 이야기로 환원됩니다.

돈, 시간, 에너지

한정된 몸 이미지만 상상하고 욕망하게끔 하는 사회가 가진 문제, 그 속에서 보이지 않는 문제는 무엇일까요? 길을 걷다 쉽게 볼 수 있는 성형 광고는 얼굴과 몸을 변화시키면 이전보다 좀 더 행복해질 수 있다는 메시지를 줍니다. 한국여성민우회에서 폐지 운동을 했던 성형 메이크오버 프로그램 〈렛미인〉 같은 프로그램 역시 아름답게 변하면 모든 문제가 해결될 것이라는 전제를 깔고 있습니다. 몸을 쉽게 개조할 수 있다고 보고 그것을 부추기는 문화. 돈과 시간, 에너지를 들여 관리하고 노력하고 투자하면 무언가를 좀 더 얻을 수 있다고 이야기하는 문화. 지금의 성장 중심, 자본주의 사회에서 한정된 몸 이미지가 만들어내는 미적 기준은 돈과 직결됩니다.

미용 산업, 성형 산업 같은 직접적인 뷰티 연관 분야뿐만 아니라, 한정된 몸 이미지는 우리의 돈, 시간, 에너지를 소모하게끔 만듭니다. 청소년도 이 문제에서 비켜갈 순 없습니다. 점점 더 많은 학교가 '현대판 코르셋'으로 불릴 만큼 몸에 달라붙는 여학생 교복 디자인을 채택하면서, 서울의 한 인문계 여고 교복 상의^{키 160cm, 88사이즈, 가슴둘레 78cm, 허리둘레 68cm}와 시중에 파는 7~8세 여아 티셔츠^키

가 크게 다를 바 없다는 언론 보도까지 나올 정도입니다. 청소년 스스로 다이어트를 선택하는 것과 시중에 판매하는 교복 사이즈에 몸을 맞추기 위해 다이어트 압박과 불편함을 느끼는 것은 분명 다릅니다. 자신의 시간과 에너지를 다르게 사용할 기회를 잃어버리는 것 역시 문제 아닐까요?

사회는 여성의 외모와 몸에 초점을 맞추고 이를 시간과 돈, 에너지를 사용해 관리하고 바꾸어낼 수 있다고 여성을 부추기지만, 사실 그 기준은 끝이 없습니다. 불가능한 몸에 대한 기준을 강요하는 사회에서 여성은 자신의 몸을 혐오하거나 이를 바꿔내기 위해 더 많은 돈과 시간, 에너지를 쏟아부어야만 합니다. 하지만 나이 들수록 불행해하지 않고 만족스러워하는 사람, 뱃살이나 살의 처짐 등 몸의 현상을 자연스럽게 생각하는 사람 역시 존재합니다. 이들의 이야기, 다양한 몸과 삶의 이야기가 더 많이 드러나 한정된 몸 이미지만 상상하고 욕망하게끔 하는 사회의 문제가 해결되길 바랍니다.

1. 옷을 사며, 교복을 입으며 내 몸과 맞지 않는 '사이즈'에 불편함을 느낀 적이 있나요? 한정된 (의복) 사이즈, 몸 이미지가 나의 시간과 돈, 에너지를 어떻게 사용하게끔 하는지 이야기해봅시다.

2. 여자라는 이유로 무언가를 하지 말라, 해야 한다는 이야기를 들어본 적 있나요? 그 경험을 이야기해보고, 그 말에 어떤 고정관념이 숨어 있는지 생각해봅시다.

3. 내가 입고 싶은 교복, 옷 가게에서 보고 싶은 마네킹의 모습을 그려보고 함께 이야기해봅시다.

경진주

여성환경연대 활동가. 2016년부터 '외모? 왜뭐!' 캠페인을 기획하며 몸 다양성 활동을 꾸준히 해왔다. '외모? 왜뭐!' 활동이 사회가 규정하는 '정상적인, 생산성 가진 몸'에 대한 기준을 깨고, 다양한 몸에 대한 이야기를 끌어내주었으면 한다.

사이즈가 왜 뭐

문제는 마네킹이야!

마네킹 체형은 보통 키 178cm, 가슴-허리-엉덩이가 32-24-35인치 정도인데 실제로 이런 바비인형 같은 신체 치수를 가진 여성은 얼마나 될까요? 10만 명 중 1명 정도라고 합니다. 반면, 바비인형과 짝을 이루는 남자 인형 '켄'의 경우, 그와 비슷한 체형을 가진 남성은 얼마나 될까요? 50명 중 1명 꼴입니다. 실제 여성들은 표준 체형과 동떨어진, 남성보다 훨씬 더 왜곡된 비현실적인 몸매를 가진 바비인형과 마네킹을 일상에서 마주하고 있는 것입니다.

2015년 국가기술표준원에서 발표한 7차 인체치수조사에 따르면 20~24세 여성 키의 평균값은 160.9cm입니다. 그런데도 대부분의 마네킹 키는 175cm에서 180cm를 웃돕니다. 마네킹 허리 치수가 24인치(62.5cm) 정도라면, 한국 여성 표준 체형은 약 29인치(73.9cm) 정도로 수치로 비교해 봐도 극명한 차이를 보이는 것이죠. 우리가 옷을 입은 모습

을 상상해볼 수 있
도록 만들어진 마네
킹부터 내게 맞는
옷을 선택하고 입어
볼 수 있는 의류 사
이즈까지…. 다양한
몸이 반영되어야 하
는 게 어찌 보면 당
연합니다. 하지만 정
작 의류 매장의 마네

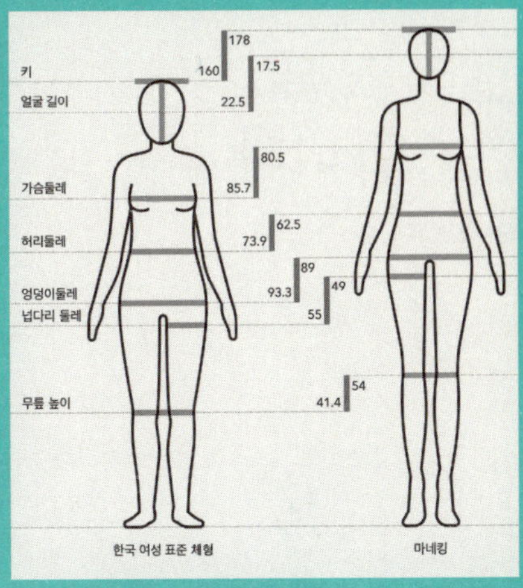

한국 여성 표준 체형(20-39세)과 마네킹 체형 비교
* 출처: 여성환경연대 제작, 디자인 우유니게

킹, 판매를 위해 전시된 의류 사이즈 종류는 우리의 몸과 너무나도 다릅니다. 왜 한정된 의류 사이즈나 마네킹 몸에 우리의 몸을 맞춰야 할까요? 문제는 우리 몸이 아니라 마네킹입니다. 여성환경연대는 2017년 7월 명동 한가운데에서 이를 외치며, 우리 몸을 본떠 만든 '커스텀 마네킹'과 함께 기자회견(문제는 마네킹이야 http://kwen808.blog.me/221068429621)을 했습니다. 의류 매장에서 좀 더 다양한 체형의 마네킹을 제작, 전시하고 다양한 사이즈의 의류 선택권을 보장하길 바랍니다.

모든 몸을
존중합니다

이안소영

'민낯' 차별은 평등하지 않다

포털 사이트에서 '외모'라는 단어를 검색하면 '외모지상주의'와 '자존감'이 연관 검색어로 뜨고, 이런 고민들이 줄줄이 따라옵니다.

"다른 애들은 예쁘게 화장도 하던데 저는 화장품도 별로 없고, 애들이 뭐라고 한 말 때문에 제 외모에 대한 자신감이 전혀 없어졌거든요. 하루 빨리 성형하고 싶어졌어요."

"외모에 대해 고민이 많은 중3입니다. 제가 정말 못 생겨서요. 모든 일에 자신감이 없고, 걸어 다닐 때도 얼굴을 숙이고 다닙니다. 제가 어떻게 해야 자신감이 올라갈까요?"

외모는 학교에서도 차별의 근거가 됩니다. 2017년 한국청소년정책연구원의 청소년 차별실태연구에 따르면, 우리나라 초등학생은 '장애', 중학생은 '외모', 고교생은 '학업 성적'에 따른 차별을 가장 심각하게 여깁니다. 자신의 외모가 불만스러워 괴로워하면서 동시에 외모를 이유로 다른 사람을 차별하기도 합니다. 같은 연구에서 초등학생은 8.4%, 중학생은 13.6%, 고등학생은 16.0%가 다른 사람을 외모로 차별해본 적이 있다고 응답했습니다. 학년이 높아질수록 외모를 더 많이 따지는 것으로 나타났습니다.

집에서 친한 친구와 화상 통화를 할 때조차 맨얼굴로는 하지 않고, 사진을 찍을 때도 꼭 카메라 앱을 사용해야 마음이 놓입니다. 많은 여성들이 화장하지 않은 얼굴로 집 밖으로 나가는 것은 '예의'가 아니라고 느낍니다. '민낯'은 사회적으로 '예의'에 어긋나는 행동이고, 스스로도 자신의 맨얼굴이 낯설고 부끄럽습니다. 남성의 화장이 늘고 과감해지고 있지만, 남성의 화장은 '남성다운 외모'의 필수 조건이 아니라 일부 스타일리시한 남성들의 선택이기에 칭찬의 대상이 됩니다. 여성은 '평균 이하'가 되지 않기 위해, 남성은 '평균 이상'이 되기 위해 화장을 합니다. 결국 외모 관리의 목표나 사회적 압박은 성별에 따라 커다란 차이가 있습니다. 여학생들만 여름 교복 속 속옷 색깔을 흰색으로 입도록 하거나 짧은 바지를 금지하는 학교 규정 또한 성차별적입니다. 이와 비슷한 남학생 교복 규정을 알고 계신 분은 제보 부탁드립니다.

경쟁력 높은 몸만 강요하는 사회가 피곤하다

내 몸 어딘가가 못나고 부족해서 화장을 하거나 고쳐야 한다면, 어떤 기준에 맞춰서 바꿔야 하는 걸까요? 무엇이 '정상'이고 '표준'인지 우리는 어떻게 알 수 있을까요? 한국인의 표준체형표를 참고할 수도 있지만, 대부분은 그렇게 하지 않습니다. 이상적이라고 생각하는 외모의 기준과 비교해서 '상대적으로' 평가합니다. 기준은 걸그룹의 멤버이거나 영화배우, 혹은 온라인 쇼핑몰에서 본 모델의 몸이 되겠지요. 결국 대부분의 몸은 '기준에 부합하지 못하는 몸'이 됩니다.

> *"군살 없는 바디라인"*
> *"지방이식 휜 다리O다리, X다리 교정 성형"*
> *"인체별 맞춤 제모 방법 있다. 배·허벅지·등·전신, 쑥쑥 자라는 다리털, 거무스름한 겨드랑이, 뻣뻣한 비키니 라인, 민감한 인중 등"*
> *"팔자 걱정 없이 활짝, 부러움의 시선을 받자. 팔자스마스리프팅"*

잡지에 실린 외모 관련 상품 광고입니다. 부위별로 상세하게 문제점과 개선법을 알려줍니다. 광고 문구에 주어는 없지만 누가 봐도 그 대상이 여성이라는 걸 쉽게 알 수 있습니다.

여성은 세월이 가도 여전히 젊고 아름다운 몸으로 보이기 위해 고군분투해야 합니다. 여성의 경쟁력은 외모를 우선으로 평가받기 때문에 세월 앞에서 더욱 무력해집니다. 나이가 들수록 '여성성이 퇴색된' '쓸모없는' 몸으로 평가받기 쉽습니다. 여성은 느긋하고 태연하게 늙어가는 법을 잊어야 '여성'이 되는 걸까요? 반면 남성의 경쟁력은 세월에 따라 더 많이 얻게 되는 일에서의 성취나 직장에서의 지위, 돈이나 명예가 차지하는 비중이 높습니다. 나이 들어서 '낡아지고' '저평가 받는' 외모는 남성보다 여성에게 훨씬 혹독한 대가를 치르게 합니다.

'개성 표현'이라 쓰고 '과소비'라 읽는다

현대사회에서 과학기술과 성형술이 발달하면서 몸은 타고나는 게 아니라 원하는 대로 고치고 변형시킬 수 있는 대상이 되었습니다. 칭찬받지 못하는 몸으로 태어났지만 시간과 돈만 투자하면 기계나 공산품처럼 끊임없이 수리할 수 있게 되었습니다. 취업이나 결혼 시장에서 잘 팔리기 위해, 수많은 상황과 관계에서 타인의 선택을 받기 위해 아무 죄도 없는 몸을 째고 도려내고 꿰매야 합니다. 더 좋은 상품을 고르는 데에 돈이 필요한 것처럼 더 좋은 외모를 확보하는 데에도 좋은 화장품과 피부 관리, 성형수술 그리고 반복되는 추가 수술과 관리를 감당할 돈이 필요하겠지요. 몸을 하나의 상품처럼 진열하고 평가하는 문화 속에서 일차적인 피해자는 여성이지만 결국 남성들도 피해자가 됩니다.

외모지상주의 사회에서 '외모를 가꾸느냐 마느냐' 혹은 '어떤 외모를 가꾸느냐' 하는 문제는 개인이 자발적으로 선택한 것처럼 보이지만, 사실은 화장품 기업이 만들어내는 상품이 우리의 취향을 결정하게 됩니다. 자본주의 상품 논리가 외모 관리의 기준을 교묘하게 부추긴다고나 할까요? 아름답기 위해서, 혹은 개성적인 외모를 갖추기 위해 우리가 제일 먼저 해야 할 일은 그 이미지나 컨셉에 맞는 상품을 구매하는 일입니다. 사회가 요구하는 '여성다운 외모 기준'을 받아들여 '소녀' 같거나 '여성'스러운 외모를 표현하기 위해 우리는 파스텔 톤이나 과즙 메이크업을 표현할 수 있는 상품을 구매해야 합니다. 한 듯 안 한 듯한 투명화장법은 화장을 덜 하는 방법을 통해서가 아니라 그런 느낌의 상품을 구입해야 가능합니다. 심지어 남성의 성적 대상으로 취급받기를 거부하며 여성의 지위나 힘을 드러낼 때조차 검은색 립스틱과 아이섀도라는 화장품을 통해서 외모로 드러나는 정체성을 표현합니다. 우리는 '멋진', '남다른', '저항의' 정체성을 표현하기 위해 소비해야 하고, 그 소비 대상은 화장품, 옷, 가방, 모자, 악세사리, 신발 등 끝없이 세분화된 컨셉의 부위별 아이템입니다. 외모지상주의는 개성을 표현하라고 부추기지만, 그 개성은 사실 상품을 과소비하는 행위를 통해서만 표현 가능한 개성입니다.

바다거북이 외모 꾸미기의 피해자라고요?

끊임없는 상품 소비를 통해 하는 개성 표현이나 외모 관리는 또다른 문제를 일으킵니다. 다행히 최근에는 금지되었지만 우리가 매끄러운 피부를 위해 열심히 사용하는 각질 제거제나 스크럽제에는 아주 작은 플라스틱 알갱이가 들어 있습니다. 마스카라나 립 제품에도 플라스틱이 사용됩니다. 이 플라스틱은 크기가 5mm 이하라서 미세 플라스틱으로 불립니다. 미세 플라스틱은 욕실 하수구를 통해 바다로 흘러가고, 어린 물고기나 바다거북의 먹이가 됩니다. 소화되지 않는 플라스틱을 잔뜩 먹은 물고기나 바다거북은 먹지 않아도 배고프지 않은 상태가 되어 결국 영양실조로 죽게 됩니다. 요즘에는 여름뿐 아니라 1년 내내 사용하는 자외선 차단

제에는 옥시벤존Oxybenzone과 옥티녹세이트Octinoxate 등의 화학 성분
이 들어 있는데, 이들은 산호초를 하얗게 죽이는 '백화 현상'을 초
래합니다.

SPA 브랜드가 팔고 있는 폴리에스테르 소재의 옷 또한 마찬가지
입니다. 흔히 '후리스'라고 불리는 이 옷의 재료는 플라스틱이고, 가
끔은 음료를 담는 페트병을 재활용해 만들기도 합니다. 매일매일
깨끗한 옷을 입기 위해 세탁을 하면 세탁기에서 나온 플라스틱 알
갱이들이 바다로 흘러갑니다. 그리고 이들은 생선이나 조개류 등을
통해 우리의 식탁으로 되돌아옵니다. 패스트 패션은 이 상황을 더
욱 빨리 반복하게 만듭니다. 유행 주기에 맞춰서, 소확행의 일환으
로, 친구가 입은 옷이 좋아 보여서 구입한 그 옷이 바다 생물에게는
치명적인 위협이 됩니다.

내가 운동할 때 닭이 고통을 받는다니요?

최근에는 여성들 사이에서 생존 체력 기르기나 자기 방어 훈련,
홈트 동영상 등을 통한 신체 단련 프로그램이 인기를 얻고 있습니
다. 여성들이 자신의 몸을 다루는 방법과 몸의 한계를 체험하고 더
건강한 몸으로 단련하는 일은 매우 중요합니다. 몸이 튼튼해야 불

안에 떨지 않고 더 많은 모험을 하고 새로운 상상도 하며 위기가 닥쳐와도 의연하게 대처할 힘이 생깁니다. 우리들의 몸이 '여성다운 몸', '남성다운 몸'이라는 성별에 갇히지 않는 의식, 흔히 말하는 '정상적이고 이상적인' 기준과는 다른 몸을 인정하는 문화가 생겨나는 것이라 무척 반갑습니다. 그러나 한편으로는 새로운 고민도 생깁니다. 근육질 몸을 만들려고 탄수화물을 배제하고 닭 가슴살만 먹는 식이요법을 택하는 경우가 종종 있습니다. 그런데 이 사실을 아시나요? 닭은 계란을 낳고 우리 식탁에 오를 치킨이 될 때까지 평생을 A4 용지의 반 정도의 면적에서 살아야 합니다. 공장식 축산 시스템에서 사육되는 소나 돼지의 삶도 다를 바 없습니다. 고기를 대량 생산하고 대량 소비하는 공장식 축산 시스템에서 닭, 소, 돼지라는 비인간 생명체의 일생은 무척 고통스럽습니다. 게다가 공장식 축산 시스템은 엄청난 양의 물과 곡식을 소비하지요. 여기서 생겨나는 축산 분뇨는 기후 온난화의 원인이기도 합니다.

우리가 추구하는 단단한 몸이 지방 없는 고기를 먹어야만 가능한 일은 아닐 것입니다. 일상생활에서 순간의 편리함을 우선순위로 선택하고 가전제품이나 자동차, 에어컨이나 난방기에 의존하여 몸을 움직이지 않는 대신, 스스로 몸을 더 많이 움직이고 몸이 필요한 만큼 먹고 소비할 때 몸과 삶은 단단해지고 적당한 사이즈를 유지합니다.

이렇게 해안가에 밀려온 바다거북과 어린 물고기, 닭의 삶과 죽음이 우리들의 외모 관리와 연결되어 있습니다. 내가 추구하는 아름다움이 다른 생명을 해친다면, 우린 그 아름다움이 진짜 괜찮은지 질문할 수밖에 없습니다. 나의 외모 관리는 연애나 직업이나 월급 수준을 결정하기도 하지만, 다른 생명체의 생사를 결정하기도 합니다. 외모 가꾸기가 끊임없이 상품 소비를 통해 이루어지는 걸 알게 된 지금, 외모 관리를 위한 상품의 원료뿐 아니라 생산, 유통, 폐기 과정까지도 내가 책임져야 하는 건 아닐까 머릿속이 복잡해집니다.

'모든' 몸을 존중하기 = 내 몸과 화해하기

아침에 일어나 화장하지 않은 '생얼'을 가만히 들여다보면 어제의 내 삶이 보입니다. 어제 하루 종일 공부하고 일하고 사람들을 만나느라 피곤했던 몸이 그대로 얼굴이 묻어나 있습니다. 눈과 얼굴이 부어 있거나 눈 밑이 거뭇거뭇합니다. 비비크림과 파운데이션과 컨실러를 바른다면 피곤한 어제를 숨길 수 있습니다. 하지만 민낯은 지친 어제를 보여주며 '오늘은 잠시 쉬어가야 한다'고 말하는 몸의 알람입니다. 내 몸과 소통하는 방법은 몸이 주는 알람, 삶의 흔적을 지우지 않고 순순히 받아들이는 일입니다. 나와 타인의 민낯을 보며 서로가 쉬고 재충전해야 하는 순간을 알아채는 생활이 몸과 화해하는 방법이라는 생각이 듭니다. 몸이 다른 누구의 기준이 아니라 온전히 자기 자신의 것일 때, 몸은 내가 나의 삶과 만나는 장소가 됩니다.

우리가 외모와 관련한 수많은 질문을 통해 얻은 지혜는 '다양한 몸을 존중하라'입니다. 이런 지혜는 규격화된 몸만을 '좋은 몸', '올바른 몸', '착한 몸'이라 평가하며 여성에게 특히 엄격한 기준을 들이대는 가부장적 사회에서 매우 절실한 전환입니다. 여성의 몸은 공장에서 만들어내는 규격화된 공산품이 아닙니다. 누구의 몸도 그런 취급을 받을 수는 없습니다. 타인의 평가나 시선에서 완전히 자유로울 수는 없겠지만 여성 스스로가 주인이 되어 자신의 몸을 바라본다면, 남성의 시선에서 '성적 대상'이 되지 못하는 것에 집착하지 않고 외모의 다양한 기준을 만들 수 있지 않을까요? 성적 대상이 되기 위해 끊임없이 새로운 상품을 소비하지 않고, 성과주의 사회의 경쟁 시스템에서 낙오되지 않으려 규격화된 몸의 기준에 맞추기 위해 애쓰지 않고, 내 몸이 다른 생명체를 죽이지 않고, 서로 주어진 속도와 수명대로 살 수 있지 않을까 합니다.

우리는 몸이 있기 때문에 다른 생명체를 먹어 에너지를 얻고, 또 몸이 있어 다른 생명체의 삶에 영향을 줍니다. 다양한 '모든 몸을 위한 존중하기'에는 사람의 몸뿐 아니라, 비인간 생명의 몸도 포함시킬 수 있길 바랍니다. 인간과 비인간 생명 모두 서로가 주어진 모양과 속도대로 살아갈 수 있을 때, 자존감이 회복되고 우리의 몸과 그 몸이 태어나 살아가는 사회도 함께 존중받고 건강해지지라 기대합니다.

생각해봅시다

1. 외모로 다른 사람을 차별하거나 차별받은 경험이 있다면 이야기해봅시다. 그때 기분은 어떠했으며 그 이후 본인과 타인에게 어떤 변화가 생겼나요?

2. 외모 관리를 잘해서 생긴 긍정적인 변화의 경험이 있나요? 있다면 그 변화는 얼마나 지속되었는지, 이후에 더 필요한 노력이 있었는지 이야기해봅시다.

3. 내 물건 중에 옷이나 화장품 등 외모 관리에 필요한 물건들의 생애 주기(생산-유통-소비-폐기)에 대해서 알고 있는 것을 이야기해봅시다. 인터넷에서 찾아봐도 좋습니다.

이안소영

내 일상이 다른 생명들과 아주 촘촘히 연결되어 있음을 잊지 않으려고 노력한다. 자급적 관점, 연결성, 돌봄과 공동체, 탈성장 등을 열쇳말 삼아 일하고 살아가고 있다. 여성환경연대 활동가.

자본주의가 왜 뭐

Embrace!
우리 모두가, 모든 몸을 받아들이기

2013년, 페이스북에 한 before-after 사진이 올라 왔습니다. 이 게시물은 순식간에 폭발적인 반응을 얻어 백만 명이 넘는 사람들에게 퍼졌고, 세계 각국에 보도되기까지 했습니다. 도대체 무슨 사진이었을까요? 사진의 주인공은 테런 브럼핏(Taryn Brumfitt). 호주에서 세 아이 엄마로 살고 있는 그녀는 아이 셋을 낳고 난 이후, 자신의 몸을 혐오하게 됩니다. 변해버린 몸을 스스로 받아들이기 힘들었기 때문입니다. 그리고는 힘든 노력 끝에 머슬 대회에 나가 입상하게 되죠. 하지만 여전히, 그녀는 자신의 몸을 사랑하지는 못했어요. 누구나 인정하는 멋진 몸매를 갖게 되었지만, 스스로가 몸을 생각하는 방식이 달라진 건 아니었기 때문입니다.

그래서? 태린 브럼핏은 다시 살을 찌웁니다. 그리고 활짝 웃고 있는 사진을 'after'로, 머슬 대회에 나갔을 당시의 모습을 'before'로 올립니다. 이에 영향을 받은 수천 명의 사람들이 테런에게 자신의 사연을 적은 메일을 보냈고, 그는 우리 몸에 대한 인식을 바꾸기 위한 활동을 하기로 결심합니다. 그리고는 자신의 이야기를 담은 <임브레이스(embrace)>라는 다큐멘터리를 만듭니다(이 다큐멘터리는 현재 넷플릭스에서 볼 수 있습니다). 획일적인 몸 이미지를 강요하는 사회에서 우리는 우리 스스로 변화를 꾀하거나, 어떤 선택이라도 할 수 있는 힘을 키워야 합니다. body image movement! 테런은 우리 모두가, 우리의 모든 몸을 받아들이자는 취지의 운동을 시작했습니다.

그녀는 이야기합니다. "세 딸이 있는데, 딸들이 잡지에 나오는 몸처럼 되기 위해 굶는 일은 없었으면 좋겠어요. 아이들이 대중 매체가 얘기하는 몸을 갖지 못해서 괴로워하는 일은 없어야 해요. 모두가, 다양한 모든 몸을 받아들이기! 우리 자신의 몸에 대한 인식 바꾸기부터 시작해봐요!"

우리의 몸에 충실하고, 우리 몸을 사랑하는 것. 사회가 요구하는 '아름다운 몸'에 대한 기준은 견고하지만, '탈코르셋'이라고도 불리는 다양한 이들의 실천으로 그 벽은 조금씩 깨지고 있습니다.

*참고: 태린 브럼핏의 캠페인 영상

예쁘면
안 되나요?

외모 규범: 밖에서, 위에서

머리, 옷, 신발, 장신구, 화장 등 개인의 외모에 허용되는 것과 허용되지 않는 것을 국가, 제도, 기관, 집단 등이 정하여 따르게 하는 것을 외모 규범이라고 합니다. 외모 규범은 개개인의 의사와 무관하게 밖에서 주어지는 명령으로, 위에서 아래로 전달됩니다.

인류의 역사에서 외모 규범은 아주 오래 전부터 있었습니다. 신분제 사회에서 하층 계급은 절대로 상층 계급의 외모를 흉내 내서는 안 되었죠. 사회의 기강을 바로 잡는 것이 그 목표였어요. 상류층의 옷을 입고 신분을 위장하여 사기를 치는 범죄를 막기 위한 실질적인 이유도 있었지만 단지 그것 때문만은 아니었습니다. 외모를 치장하기 위한 옷, 가발, 신발, 장신구, 화장품은 물자가 귀하고 온전히 수공예로 만들어야 했기에 매우 비쌌습니다. 재산 목록에 들어갈 정도로 비싼 옷과 신발을 신고 온갖 장신구로 얼굴과 머리를 치장하고 나면 달라진 모습도 놀랄 일이지만, 그렇게 차려입고 움직일 때의 그 좋은 기분을 잊을 수가 없습니다. 그 재미에 빠지면 일하기 싫어지고 불평등한 신분제에 불만을 가지게 되지요. 자기 분수에 맞는 옷을 입으라는 외모 규범은 사회 질서를 유지하는 장치였습니다. 그렇게 외모 규범은 정치적, 경제적 기강을 세울 뿐 아니라 감정과 도덕을 통제했어요.

　신분제는 사라졌지만 외모 규범은 여전히 우리 사회에 남아 있습니다. 특정 집단에 가해지는 외모 규범은 집단의 정체성을 드러내, 밖으로는 업무를 효율적으로 수행하고 안으로는 집단의식을 강화합니다. 작업 속도나 안전을 기하기 위해, 도움 받을 민원인들의 눈에 쉽게 띄도록, 상대 팀과의 분별을 위해, 제복이나 유니폼을 입힙니다. 여기에는 여전히 정서적, 도덕적 통제가 있습니다. 옷의 장식적이고 쾌락적 성질들은 옷을 입은 자와 그 옷을 입은 자를 바라보는 자에게 상상의 즐거움을 불러일으키고, 그러한 감정적 유희는 일을 방해하므로 도덕적으로도 비난의 대상이 되는 거죠. 외모 꾸미기는 일에 집중하기보다는 잡념에 빠뜨리고 주변 사람들까지 감정적 혼란을 부추기기에, 직업인의 결격 사유가 되는 것입니다.

　학생들도 마찬가지입니다. 한때 교복을 입지 않던 시기도 있었지만 지금은 다시 교복을 입고 있지요. 교복을 다시 입게 된 것은 옷이 각자의 경제 상황을 드러내 위화감을 조성하고, 공부에 열중하기보다는 치장에 시간과 에너지를 너무 많이 뺏기며, 길거리에서 스스로 학생임을 드러내는 표지로써 유용하다는 등 다양한 이유들 때문이었습니다.

　하지만 외모 규범은 어느 정도로 세밀해야 할까요? 얼마나 강해야 할까요? 요즘 학생들을 보면 염색이나 펌도 하고 기초나 색조 화장도 하고 다녀서 예전보다는 뭔가 많이 달라졌구나 싶기는 해요. 하지만 여전히 밖에서 그리고 위에서 주어지는 명령은 남아 있습니다. 앞의 8편의 글에서 10대에게 주어진 외모 규범이 논의되었지요. '여학생들은 반드시 브래지어 착용', '여학생의 속옷 색깔은 흰색', '짧은 바지 입지 말 것', '짧은 머리 금지, 긴 머리 장려' 등등이 교칙으로 정해져 있고 따르지 않을 경우 처벌을 받습니다. 학생인권조례에 개성을 실현할 권리가 명시되어 있지만 그 개성의 실현이 어디까지인지는 다시 밖에서, 그리고 위에서 명령으로 주어집니다.

언니의 걱정, 오빠의 유혹

아서 단토Arthur Danto는 인간이 외모를 꾸미는 것은 미적 활동으로 매우 중요한데, 그것은 단지 외모 자체 때문이 아니라 그 외모를 통해 드러나는 인격과 가치관 때문이라고 했습니다. 매력이 화장술이나 성형 수술의 도움으로 향상되는 것은 분명하지만 그것에는 한계가 있다고요. 어떤 삶을 살고 있는지, 어떤 삶을 지향하는지, 그 사람의 선량함, 친절함, 관용, 세밀함, 현명함이 외모를 통해 전해지는 것이지요.

미셸 푸코Michel Foucault는 각 사람이 자기 자신을 하나의 예술 작품처럼 아름답게 가꿔야 한다고 말합니다. 푸코는 이것을 '존재의 미학'이라고 부르는데, 자신이 어떤 사람인지를 스스로 살피고, 그에 맞게 가장 멋지게 살라는 것이지요. 쾌락의 활용과 배분, 쾌락의 한계, 존중하는 위계 관계 등 각자 존재론적 질서를 갖춘 삶을 만들어가는 것, 그 속에서 아름다운 빛을 내는 인생을 살아가기를 권장합니다. 어느 누구도 다른 사람과 같을 수 없기에 삶의 원칙을 스스로 세우는 것이 자신을 아름답게 만드는 미학의 출발점입니다.

단토와 푸코에게 미적인 것은 장식적이거나 사치스러운 일이 아닙니다. 삶에서 자기 자신을 멋지게 만드는 일은 자기 자신을 드러내는 매우 중요한 일입니다. 그러나 밖에서, 그리고 위에서 강요되는 외모 규범은 우리의 미적 삶을 아주 하찮은 것으로 간주하고 미적 상상을 방해합니다. 이것은 단토와 푸코의 생각과는 정반대입니다. 외모 규범은 모두에게 획일화된 인격과 가치관을 주입하고 강요합니다. 어떤 생각을 가졌는가가 외모를 다르게 만들지만, 역으로 특정한 외모를 통해 생각을 강요하고 통제하기도 합니다. 획일화된 외모가 반복적으로 강요될 때, 그 외모에 구현된 생각에 길들여지게 되지요.

그런데 지금 밖과 위에서 강요되는 외모 규범이 학생들을 탈[脫]미화시키지는 것 같지는 않습니다. 탈미화는 일종의 금욕주의로 학생이 본분에 충실하려면 외모 따위에 신경쓰지 않는 것을 뜻합니다. 하지만 정말로 현재 학교의 외모 규범이 학생들을 탈미화하고 있나요? 그렇다면 왜 머리를 기르라거나 브래지어를 하라거나 용모를 단정히 하라고 명령할까요? 탈미화에 입각한 외모 규범이라면 차라리 학생들에게 머리를 짧게 자르고, 편한 속옷에 생활복을 입으라고 해야 하지 않을까요? 앞에서 여자 고등학생 교복의 상의 사이즈가 초등학교 고학년과 같고 치마는 너무 좁고 짧다는 글을 읽었습니다. 또한 영화관 매점 여성 아르바이트 노동자에게 빨간 립스틱을 바르라는 외모 규범도 보았습니다.

결국 외모 규범은 오직 일의 능률을 올리기 위한 탈미화된 원칙이 아니라, 그 명령을 내리는 이들이 선호하는 미적 관점을 반영합니다. 그러니까 여학생의 미학은 여학생의 것이 아니라 기성세대의 미학이고, 여성 아르바이트 노동자의 미학은 여성 아르바이트 노동자의 것이 아니라 고용주와 고객의 미학인 것이지요. 그런데 여학생과 여성 아르바이트 노동자를 대상화하고 이들에게 자신의 미학을 주입하는 것은 단지 교육적·경제적 강자들만은 아닙니다. 외모 규범의 미학에는 가부장제의 젠더 권력이 개입하고 있습니다. 즉, 남성적 시선으로 여성을 대상화하고 있지요. 그래서 앞의 글들은 외모 꾸미기의 젠더 불평등성을 지적하고 있습니다. 남성들이 외모를 꾸미는 것은 세련된 취미나 성공의 결과이지만, 여성들이 외모를 꾸미는 것은 필수이고, 성공의 조건이라고요.

그런데 이렇게 10대 여성들이 대상화되는 현실을 걱정하는 이들이 있습니다. 우리의 엄마, 선생님, 언니들입니다. 이 여성 선배들을 모두 '언니'라고 부를게요. 언니들은 10대의 여성들을 바라보는 사회의 시선, 어른의 시선, 남자의 시선을 알고 있고, 스스로 경험했기에 소녀에게 걱정 담은 경고를 합니다. 여성 화가인 수 잔 발라동의 〈버려진 인형〉[1921]에는 목욕하고 나온 소녀의 몸을 수건으로 정성껏 닦아주는 나이든 여성이 등장합니다. 나이든 여성의 눈빛에는 다정함과 걱정이 가득합니다. 소녀는 어린이처럼 머리에 리본을 달고 있지만 몸에는 어느새 2차 성징이 나타나 있지요. 바닥에 '버려진 인형'은 더 이상 인형을 가지고 놀지 않는다는 소녀의 성장을 의미합니다. 나이든 여성은 이제 소녀가 여자로서 맞이할 삶을 응원하면서 동시에 그만큼 걱정이 가득합니다. '한창 예쁠 나이'인 소녀를 노리는 이들이 있다는 것을 잘 알기 때문이지요.

이와 대조적으로 남성 화가인 발튀스는 위와 같은 또래의 소녀를 황홀경 속에서 바라봅니다. 〈소녀와 고양이〉[1937]에서 소녀는 〈버려진 인형〉과는 달리 오히려 옷을 입고 있지만 화면 전체에 소녀를 향한 오빠의 성적 욕망이 가득 뿜어져 나옵니다. 여기에서 '오빠'는 여자란 어려야 하고 그래서 소녀를 성적으로 매력 있는 여성의 원형으로 여겨 구애하는 나이든 남성들을 말합니다. 그래서 여자 나이를 '크리스마스 케이크'에 빗대는 것이겠죠. 때를 놓치면 못판다고요. 아무튼 한국 남자들은 '오빠'라는 말을 무척 좋아합니다. 가족이거나 오래된 선배가 아닌 한 '오빠'라는 호칭은 발화자인 어린 여성과 특별한 사이인 양 환상에 젖게 하니까요.

발튀스의 그림으로 돌아가 봅시다. 이 그림에서 소녀의 무념무상 나른한 얼굴과 치마 속 하얀 면 팬티는 '한창 예쁠 나이' 소녀를 향한 오빠의 시선을 투영합니다. 바닥의 고양이는 소녀들이 '먼저' 오빠를 유혹한다는 메시지를 전합니다. 남성 화가들의 도상학에서 침실의 애완동물은 그림 속 여성이 성노동자라는 것을 상징합니다. 발투스는 소녀가 먼저 고양이, 나른한 표정, 하얀 면 팬티를 통해 자신과 놀아줄 남자를 찾고 있다고 말합니다. 오빠의 욕망을 오히려 소녀의 유혹으로 치환한 뒤, 수줍은 오빠는 그 유혹을 거절할 수 없는 난감한 상황에 처하게 되는 거지요. 이 그림의 황홀경은 발튀스 혼자만이 아니라 많은 오빠의 것입니다.

오빠들이 소녀들에게 같이 놀자고 유혹하는 일은 그리 드물지도 은밀하지도 않습니다. 그들은 매우 직설적입니다. 그리고 소녀의 반응을 자기들 맘대로 소녀의 유혹으로 받아들입니다. '합의에 의한 것'이었다는 오빠들의 말은 진심일 겁니다. 상황이 불리해지면 소녀들이 시치미를 떼니 오히려 억울한 것은 자신들이라고 합니다. 이 오빠들은 한두 살 많은 학교 선배들만이 아닙니다. 오빠들은 직장도 다니고 아내도 있고 심지어 딸도 있습니다. 소녀의 오빠가 되고 싶은 남자들에게 연령 제한이 없습니다. 이들은 소녀들이 나이든 오빠들을 좋아한다고 진심으로 믿습니다. 걸그룹의 짧은 치마와 상큼한 미소에 저절로 아빠 미소를 짓는 삼촌 팬들이 정말 소녀들의 아빠나 삼촌으로 남고 싶을까요?

하지만 소녀들은 거짓말을 하는 것도 시치미를 떼는 것도 아닙니다. 합의를 한 적은 없습니다. 그냥 친절한 오빠들이 고마웠을 뿐이고, 오빠들이 치마 속을 들여다보고 있는지, 그 후에 원하는 게 무엇인지는 상상조차 못했지요. 소녀들과 오빠들은 완전히 다른 대화를 했던 거예요. 결국 서로 억울하다고, 상처받았다고 합니다. 이 오빠들의 속내를 알고 있는 언니들은 소녀들 주위를 둘러싼 오빠들 때문에 걱정이 태산입니다. 그래서 어린 소녀를 좋게 타이르던 것이 어느새 나쁜 말로 바뀌기도 합니다. 언니의 악담은 소녀에게 상처가 됩니다. 오빠들은 다정했는데 말이지요.

소녀들의 파우더룸

아주 어릴 적 들었던 악담이 기억납니다. 밝은 햇살이 쏟아지는 조용한 오후에 엄마의 화장대는 마술 상자였지요. 핑크색 파우더를 뺨에 두드리고, 눈꺼풀과 입술에는 황금펄 아이섀도와 장미빛 립스틱을 발랐죠. 소꿉놀이 바구니를 숄더백으로 둘러맸고 엄마의 뾰족구두를 신고는 런웨이를 걷듯 어지러운 방을 돌아다니던 내게 들린 말은 '여우짓'이었습니다. 외출에서 돌아온 엄마의 고함이었죠. 부러진 립스틱이나 파우더로 범벅된 화장대, 옷가지가 넘쳐난 방바닥 때문에 엄마가 화를 낸 것만은 아니었습니다. "커서 뭐가 되려고 어린 게 벌써 여우짓이냐"는 그 충격적인 말을 나는 오랫동안 기억했습니다.

그때의 엄마 나이보다 더 나이가 든 나는 엄마 자신도 혼란 속에 답을 몰랐다는 것을 압니다. 어린 여자의 예쁜 '외모'는 자신을 지킬 '내부'의 힘이 없을 때 손쉬운 공격 대상이 되고 만다는 걱정이었죠. 그래서 엄마는 항상 단서 조항을 달았습니다. 대학을 '잘' 가고 취직을 '잘' 하고 난 뒤에, '제발' 예뻐져서 시집을 '잘' 가라고 말입니다.

여자에게 실력은 예선이고, 본선은 오직 외모라고 믿는 엄마는 항상 내게 모순으로 가득 찬 '시간차 공격'을 했습니다. 10대 때는 거울 앞에서 시간을 보낸다고 화를 냈다가 20대 때는 화장을 못한다고 한심해했죠. 10대 때는 오빠들과 연락할까 봐 감시를 하다가 20대 때는 연애도 못한다고 비난했습니다. 외모 꾸미기에 관해 '그때는 틀리고 지금은 맞다'는 엄마의 주장은 그저 소중한 딸이 흠결 없이 자라서 '적절한 때' 행복해지라는 확고한 소망을 드러냅니다. 엄마의 걱정은 소녀의 예쁜 외모가 흠결의 덫이라는 공포를 드러냅니다.

하지만 어린 소녀들은 이러한 언니들의 경고가, 역정이, 악담이 듣기 싫습니다. 도대체 뭘 어쨌다고 야단을 치나요. 10대에도 원하는 삶이 있고 즐거움을 누릴 권리가 있는데 예쁜 게 죄라도 된다는 말일까요. 발레리 워커딘 Valerie Walkerdine 은 이런 언니들의 걱정과 소녀들의 불만을 지적합니다. 워커딘은 소녀들을 손쉬운 먹잇감으로 삼는 가부장제 문화로부터 보호하려는 언니들의 사명감을 높이 사지만, 소녀들이 꿈꾸는 일상을 억압해서도 안 된다고 말합니다.

더글라스 켈너 Douglas Kellner 역시 소녀들의 미적 행동을 소녀들의 관점에서 다층적으로 읽을 것을 제안합니다. 소녀들이 스타나 셀럽을 모방하여 예쁘게 꾸미고 나서는 것이 남성들의 지배 미학에 무비판적으로 순응하는 것일 수도 있지만, 주체적인 저항일 수도 있다고 보는 것이지요. 켈너가 우선적으로 문제 삼는 것은 소녀들의 팬덤이나 패션 트렌드를 오직 자본주의와 가부장제에 세뇌당한 물신주의, 부질없는 일탈로만 간주하는 태도입니다. 이런 태도는 소녀가 미적 주체는 될 수 없다는 연장자주의와 가부장제의 차별을 보여줍니다.

나이가 많든 적든, 여자든 남자든 제멋대로 꾸미며 살 권리가 있지요. 소녀들은 아직 성숙한 인격과 세련된 미학으로 나아가는 과정 중에 있을지라도, 적은 용돈으로 저렴한 아이템만을 선택해야 하는 제한은 있을지라도, 자기 몸을 주시하고 성찰하며 표현의 즐거움을 누리고 있습니다. 오빠들에게 미학이 있다면 소녀들에게도 미학이 있지요. 소녀들이 자기 '맘대로', 자기 '몸대로' 알아서 자기 몸을 표현하고 즐길 수 있으니, 언니들이든, 오빠들이든 그것을 존중해야 합니다. 그래서 재클린 로즈^{Jacqueline Rose}는 "엄마의 대답은 틀렸다. 소녀는 그저 원할 뿐"이라고 항변합니다.

마음대로, 몸대로

사실, 10대 소녀의 외모나 미학에 대한 진지한 탐구는 그리 많지 않습니다. 서양 중세에서는 7세 이후면 성인과 동일하게 취급

했고 특별히 미성년을 주목한 것은 19세기부터였습니다. 한국에서는 20세기 초 「해에게서 소년에게」에서 그나마 '소년'이 등장하지만, 소녀는 항상 청'소년'의 부가적 존재였지요. 1960년대에 청소년에 대한 '보호'와 '육성'에 관한 법률이 제정되었고 청소년의 인권과 욕망은 1990년대 이후에야 논의되기 시작했습니다. 그럼에도 여전히 소녀의 미학에 대한 공적 담론은 거의 없습니다. 소녀는 성인 여성이 되고 나면 사라지는 흔적으로 여겨지고 그 시절의 이야기는 지적, 도덕적인 미성숙의 부산물, 즉 무가치한 수다나 감추고 싶은 흑역사로 간주되지요. 그래서 공적 담론은 소녀들에 대한 금기만 가르치지 소녀들이 진짜 원하는 것은 말하지 않습니다.

그러나 소녀 담론이 없는 것은 아닙니다. 앞에서 보았듯 언니들의 근엄한 교훈, 날카로운 금기의 빈약한 공적 담론 뒤로 오빠들의 사적 담론이 흘러넘칩니다. SNS의 비망록과 메신저, 대화방, 파일 공유와 '알바' 구인 사이트, 비밀 장부와 통장 내역에 소녀들의/에 대한 수많은 담론이 있습니다. 이 사적 담론에는 소녀와 오빠, 주체와 타자를 결코 하나의 목소리로 묶을 수 없는 다중의 욕망이 얽혀 있습니다.

앞에서 소개한 워커딘은 소녀의 미학을 존중하지만, 그럼에도 불구하고 주체와 타자의 다중적 욕망의 그물망에서 소녀들은 무엇을 원하는지, 그토록 원하는 것이 정말로 소녀가 원하는 것인지를 거듭 묻습니다. '범생이' 소녀가 공적이고 통제된 교실을 벗어나 사적 파우더룸에서 해방감을 느낄 때, 그 짜릿한 기분이 정말로 소녀가 원하는 것일까요? 확신할 수 있나요?

앞의 8편의 글들에서도 같은 질문과 제안이 나옵니다. 자신의 건강과 매력을 찾아보라고, 누군가의 성적 대상으로 전락하지 말고 자신의 본모습, '생얼'을 들여다보라고, 정상/비정상의 규범에 갇히지 말고 다양성을 즐겨보라고 제안을 해주었죠. 그렇습니다. 소녀들도 생각이 있고 원하는 게 있는데 남의 기준에 몸을 맡길 순 없지요, 그렇게 인생을 넘겨줄 수는 없습니다.

하지만 '내 맘대로', '내 몸대로' 산다는 것은 무엇일까요? 그저 소녀가 원하면 그것은 옳은 것일까요? 여기에 '주체성의 신화'가 있습니다. 주체성의 신화는 마치 내가 이 세상 모든 것을 결정하고 소유할 수 있다는 착각을 불러일으킵니다. 자유주의는 주체에게 강한 권한을 주지요. 개인의 신체 자유나 성적 자기결정권이 침해받아서는 안 된다고 말입니다. 그럼에도 자유주의에 제기할 수 있는 근원적 질문은 정말로 내가 나의 몸을 소유하고 있는가, 내가 나 자신에게 독점적인 결정권을 가졌는가입니다.

흔히 신체의 자유, 성적 자기결정권은 '자유주의적 관점에서 몸/성을 소유한 개인의 주체적 권한 행사'로 여겨집니다. 정희진은 성적 자기결정권이 몸을 사적 소유, 재산권 행사로 바라본다는 점에서 우려를 표합니다. 주체는 타자가 개입할 수 없는 원자적 존재이고, 몸과 정신의 이분법에서 정신에 해당하는 주체가 몸을 결정한다고 보는 자유주의는 몸에 대한 개인의 결정을 오직 사적인 것으로 방치합니다. 몸을 소유한 주체나 성적 자기결정권의 맹점은 개인이 자신의 몸과 섹슈얼리티를 자원으로 삼는 행위를 막을 근거가 없다는 것입니다. 원조 교제, 성매매, 마약, 낙태, 노출, 성형 등은 그저 개인이 알아서 결정하면 되는 일일까요? '원하는 것을 하라'는 허용은 모든 책임을 소녀에게 떠넘깁니다. 내 맘대로, 내 몸대로 살자는 구호가 속 시원하기는 하지만, 실제로 구체적인 순간에 소녀의 미학을 완성하는 만능키일 수는 없습니다.

그래서 워커딘은 소녀들의 외모 꾸미기와 놀이 문화에 사회관계와 욕망의 심리학이 복합적으로 교차하고 있음을 주목하라고 호소합니다. 욕망은 본질적 실체가 아닙니다. 주체는 그 욕망의 그물망 속에서 유동하고 있습니다. 항상 적중하지 못하고 미끄러지지요. 소녀의 욕망 안에 오직 소녀만이 움직이고 있지 않습니다. 소녀들이 욕망의 공간을 찾아 떠돌 때 그 소녀를 욕망하는 타자들이 얽힙니다. 소리소문도 없이 소녀의 욕망에 개입하고 마치 스스로의 결정인 양 부추깁니다.

진정한 나는 누구이고 내가 원하는 것은 무엇일까요? 내가 원하는 것을 할 때 함께하는 이들은 누구이며 그들이 충족하는 욕망은 무엇일까요? 그래서 나는 어떻게 될까요? 사적인 몸에 대한 개인적 결정은 단순히 동등하게 세팅된 의사소통과 합의로 종결되지 않습니다. '명시적 합의'라는 말을 아시지요? 종종 내가 결정하긴 했지만 진짜 내 결정은 아니었던 경험이 있나요? 누군가 칼을 들고 위협하지는 않았지만 따르지 않을 수 없는 문화적인 강압을 경험한 적이 있나요? 어쩌면 지금 열심히 공부를 하는 것도, 좋은 대학에 가려는 것도, 돈을 많이 벌고 싶은 것도, 부모님께 순종하는 것도, 그리고 예쁘게 차려입고 나가는 것도 부지불식간에 내 속으로 스며들어 내가 원하는 일처럼 느끼고 있을지도 모릅니다. 라캉Jacque Lacan 식으로 말하자면 주체는 빗금 친 주체$이고 타자 시선의 객체대상 a이지요. 선택은 나와 타자의 욕망의 구조 속에서 어굿나고 또 항상 미끄러집니다. 내가 원하는 것을 항상 적중하지 못하지요. 우리의 선택은 항상 실험 중입니다.

미적 액티비즘: 즐겁게 놀자

매일의 일상에서 외모 꾸미기는 자기를 확장하고 고양시키는 미적 실험입니다. 그리고 미적 실험을 통해 세상을 바꾸는 액티비즘입니다. 미적 액티비즘이란 외모가 그저 포장지가 아니라, 외모를 통해 자신의 가치관을 드러내고 그것을 현실 세계로 확장하는 것을 말합니다. 그렇다면 소녀들은 어떤 실험을 해야 할까요? 실험에는 정답이 없습니다. 구체적인 맥락과 전략이 중요합니다. 각자가 어떤 선택을 하든, 내가 어떠한 위치에 있는지, 내가 원하는 것들이 어떻게 구조되어 있는지, 그 구조 안에서 어떤 타자들과 얽혀 있는지를 아는 것이 중요합니다. 위치 찾기는 미적 전략의 출발점입니다.

성범죄자들은 항상 피해자 탓을 합니다. 언니들에게서 들었던 악담에 비할 바가 아닙니다. 가해자들이 아주 순진한 얼굴로 "너무 예뻐서 어쩔 수가 없었다"고 말하면 심지어 피해자를 칭찬하는 말처럼 들리기까지 합니다. '용감한 자가 미인을 차지한다'거나

‘미인박명’와 같은 경구는 끔찍한 함의를 가집니다. 엄청난 미인은 남성들의 욕망의 대상이며, 미인의 의사 따위는 개의치 않지요. 그래서 많은 남자들이 노리는 너무 예쁜 여자는 팔자가 세다고 말합니다. 미인이 이렇게 무서운 말이었던가요? 그러니 예쁘다는 말에 설레지 마세요. 미인이라는 칭찬은 타자인 미인의 미적 욕망을 무시하고 수탈하는 장치인 셈이지요.

가부장제 사회는 긴 역사동안 여자의 욕망이 남자를 망쳤다며 죄를 덮어씌울 ‘팜 파탈femme fatal’을 색출해왔습니다. 심지어 교사가, 경찰이, 판사가 아주 근엄한 얼굴로 “왜 그 시간에 그런 옷을 입고 거기에 갔냐”며 소녀의 외모를 나무라는 질문이야말로 반복되는 여성 혐오의 전형입니다. “소녀가 먼저 유혹했다”, “그곳에 갔다는 건 합의했다는 뜻이다”, “그 나이에 순진한 척 하지 마라”와 같은 악담은 사회 도처에 넘칩니다.

그러니 오빠들의 욕망을 들여다보아야 합니다. 교묘하게 강요하는 욕망의 그물망에 포획되지 않도록 그 구조물을 비판적으로 살피는 일이 필요합니다. 켈너는 소녀들이 그저 당하는 것이 아니라 저항의 미학을 구사한다고 했습니다. 소녀들의 미학이 저항의 전략이려면 오빠들의 속마음을 정확히 알고 그것을 직접적이든,

간접적이든 기꺼이 그것에 대처해야 합니다. 도망치거나 비난하는 것도 전략이겠지만 함께 연대하고 타자가 변화할 계기를 마련하는 것도 전략입니다.

그리고 언니들도 악담은 그만두어야 합니다. 소녀의 미학을 존중하고 미적 액티비즘의 장을 활짝 열어줘야 합니다. 아무리 걱정이 된들 감시와 악담은 정당화되지는 않습니다. '순진한 소녀가 흠결 없이 자라 나중에 행복해지라'고 축원하지 마세요. 순진한 소녀로 살다간 속수무책 당할 뿐입니다. 순진하기는커녕 영리해지도록 도와주세요. 당당히 맞서 즐길 수 있게 쌓아둔 전략을 전수해주세요. 언니의 걱정은 소녀의 희망과 연대해야 합니다.

소녀들의 미적 액티비즘을 기대해봅니다. 누군가 악한 계략을 꾸민다 해도 그것을 간파하고 돌파할 전략을 찾아야 해요. 그리고 미적인 행동으로 스스로가 즐겁고 행복해야 하고요. '겨털'을 노출했는지, 등살이 수북한지, 진하게 화장을 하였는지, 깊이 노출을 하였는지, 코르셋을 입었는지, 티팬티를 입었는지, '패피'인지, '패알못'인지와 같이 눈에 보이는 구체적 이미지 하나하나에 전전긍긍할 필요는 없습니다. 복잡하게 얽힌 타자들의 욕망 구조 속에서 협상의 전략을 찾아내는 것, 그것을 우리 외모로 드러내는 것, 이

것이야말로 즐거운 미적인 실험이고 현실에 대한 도전입니다.

당당한 미적 액티비스트가 되기 위해서는 세상을 더 넓게 배워야 하고 더 깊이 성찰해야 합니다. 정체성 경계를 확장하고 새로운 삶을 실험하는 일상의 외모 꾸미기가 손쉽게 타자에게 이용당하지 않도록 욕망의 그물망을 면밀히 살펴야 합니다. 비판적 사고는 미적 액티비스트에게도 중요합니다.

김주현
철학박사, 건국대학교 예술디자인대학원
뷰티디자인전공 겸임교수

참고
문헌

서영미 「미디어가 왜? 뭐! '소녀'를 팝니다」

- 김은하 외(2018), 『소녀들: k-pop 스크린 광장』, 여이연
- 아스트리드 린드그렌(2017), 『내 이름은 삐삐 롱 스타킹』, 시공주니어

경진주 「사이즈가 왜? 뭐! 문제가 사이즈일까요?」

- 나오미 울프(2016), 『무엇이 아름다움을 강요하는가』, 김영사
- 러네이 엥겔른(2017), 『거울 앞에서 너무 많은 시간을 보냈다』, 웅진지식하우스

이안소영 「자본주의가 왜? 뭐! 모든 몸을 존중합니다」

- 몸문화연구소(2011), 『내 몸을 찾습니다』, 양철북

김주현 「책을 덮으며 예쁘면 안 되나요?」

- 김주현(2009), 『외모 꾸미기 미학과 페미니즘』, 책세상
- 더글라스 켈너(2002), 「마돈나, 패션, 이미지」, 『미디어 문화』, 새물결
- 미셸 푸코(2014), 『성의 역사 2: 쾌락의 활용』, 나남

- 발레리 워커딘(2004), 「대중문화 그리고 어린 소녀들의 에로틱화」, 『대중문화와 문화연구』, 한울
- 아서 단토(2017), 『미를 욕보이다: 미의 역사와 현대예술의 의미』, 바다출판사
- 정희진(2006), 「성적 자기결정권을 넘어서_공간, 몸, 성폭력」, 『섹슈얼리티 강의, 두번째』, 동녘
- Lacan, Jacque (1998), *The Seminar of Jacque Lacan, Book XI*, New York W.W. Norton.
- Rose, Jacqueline (1985), *Feminine sexuality Jacques Lacan and the école freudienne* (eds.) Juliet Mitchell & Jaqueline Rose, New York W.W. Norton.

모든 몸을 위한 존중

외모
왜뭐

초판 1쇄 인쇄 2018년 12월 20일
초판 1쇄 발행 2018년 12월 28일

기획 여성환경연대
지은이 경진주 | 김민지 | 김주현 | 박이은실 | 서영미 | 윤나리 | 이가현 | 이안소영
펴낸이 송주영
펴낸곳 북센스
편집 장정민, 홍예지
디자인 정지연
제작 이재희
마케팅 석철호

출판등록 2004년 10월 12일 제313-2004-000237호
주소 서울시 은평구 통일로684 서울혁신파크 미래청 401호
전화 02-3142-3044 팩스 0303-0956-3044 이메일 ibooksense@gmail.com
ISBN 978-89-93746-47-1(03330)

•이 책의 초고는 2017년 여성환경연대 '외모? 왜뭐!' 프로젝트의 일환으로 집필되었습니다.
 후원해주신 생명보험사회공헌위원회와 교보생명에 깊은 감사의 마음을 전합니다.

•책값은 뒤표지에 있습니다. 잘못 만들어진 책은 구입하신 서점에서 바꿔드립니다.

•이 책은 환경을 생각하여 친환경용지로 제작되었습니다.